A VULNERABILIDADE ECONÔMICA DO BRASIL

MARCELO DIAS CARCANHOLO

A VULNERABILIDADE ECONÔMICA DO BRASIL

Abertura externa a partir dos anos 90

IDÉIAS & LETRAS

DIRETORES EDITORIAIS:
Carlos Silva
Ferdinando Mancílio

EDITORES:
Avelino Grassi
Roberto Girola

COORDENADOR DA COLEÇÃO:
Theotonio dos Santos

COORDENAÇÃO EDITORIAL:
Elizabeth dos Santos Reis

COPIDESQUE:
Leila Cristina Dinis Fernandes

REVISÃO:
Ana Lúcia de Castro Leite

DIAGRAMAÇÃO:
Alex Luis Siqueira Santos

CAPA:
Márcio Mathídios

© IDÉIAS & LETRAS, 2005

IDÉIAS & LETRAS
Rua Pe. Claro Monteiro, 342 - Centro
12570-000 Aparecida-SP
Tel. (12) 3104-2000 — Fax (12) 3104-2036
Televendas: 0800 16 00 04
vendas@ideiaseletras.com.br
www.redemptor.com.br

Dados Internacionais de Catalogação na Publicação (CIP)
(Câmara Brasileira do Livro, SP, Brasil)

Carcanholo, Marcelo Dias
    A vulnerabilidade econômica do Brasil: abertura externa a partir dos anos 90 / Marcelo Dias Carcanholo. – Aparecida, SP: Idéias & Letras, 2005. (Coleção Caminhos da globalização e as ciências sociais / Coordenador Theotonio dos Santos)

    Bibliografia.
    ISBN 85-98239-40-2

    1. Brasil - Comércio exterior 2. Brasil – Condições econômicas 3. Brasil – Política comercial 4. Brasil - Política econômica 5. Globalização 6. Relações econômicas internacionais I. Santos, Theotonio dos. II. Título. III. Série.

05-3365   CDD-337.81

Índices para catálogo sistemático:
1. Brasil: Abertura externa e vulnerabilidade econômica:
Política econômica exterior
337.81
2. Brasil: Vulnerabilidade econômica e abertura externa:
Política econômica exterior
337.81

Sumário

INTRODUÇÃO — 11

I. ABERTURA EXTERNA: LIBERALIZAÇÃO FINANCEIRA E ABERTURA COMERCIAL — 25
  I. A abertura externa e suas justificativas — 31
    1. Abertura comercial e competitividade — 33
    2. Liberalização e abertura financeiras — 36
  II. Revisão das justificativas convencionais para a abertura — 41
    1. O argumento seqüencial — 41
    2. O revisionismo de pós-consenso de washington: imperfeições de mercado e a reforma das reformas — 44
  III. A visão crítico-conjuntural — 52
  IV. Hipótese da fragilidade e da vulnerabilidade externas — 54
    1. Trilogia impossível e autonomia de política — 54
    a) Desregulamentação financeira interna e autonomia das autoridades monetárias — 56
    b) Liberalização financeira externa e autonomia de política — 61
    2. Fragilidade financeira — 66
    3. Fragilidade e vulnerabilidade externas — 75

II. EXPERIÊNCIAS INTERNACIONAIS DE ABERTURA E O NEOLIBERALISMO TARDIO BRASILEIRO — 81
  I. Políticas neoliberais e abertura externa na América Latina — 84

1. Abertura externa na Argentina e dolarização — 85
2. México: mais um experimento no início da década de 90 — 94

II. O NEOLIBERALISMO TARDIO BRASILEIRO DOS ANOS 90 — 107

1. Os planos de estabilização: a panacéia da estabilização continua — 109
2. Embasamento teórico e implementação do Plano Real — 111
3. O processo de abertura comercial — 119
4. Liberalização da conta de capital e abertura financeira — 127
   a) Processo de desregulamentação do mercado financeiro interno — 128
   b) Abertura ao capital externo — 129
   c) Impactos e modificações na estrutura do Sistema Financeiro Brasileiro — 135
   d) Administração do grau de abertura financeira — 137

III. ABERTURA EXTERNA BRASILEIRA E SEUS IMPACTOS AO LONGO DA DÉCADA DE 90 — 141

I. A vulnerabilidade externa como restrição ao crescimento — 143
1. Inviabilidade estrutural externa — 147
2. Inviabilidade estrutural interna — 156
3. As restrições conjunturais e a crise cambial — 160

II. Impactos distributivos nos anos 90 — 168
1. Distribuição de riqueza: um exercício de estimação — 181

CONCLUSÃO — 191

REFERÊNCIAS BIBLIOGRÁFICAS — 199

Quadros, tabelas e gráficos

I. ABERTURA EXTERNA: LIBERALIZAÇÃO FINANCEIRA E ABERTURA COMERCIAL

Quadro 1 – Estrutura de balanço de um banco (administração do ativo) — 57

Quadro 2 – Estrutura de balanço de um banco (administração do passivo) — 59

II. EXPERIÊNCIAS INTERNACIONAIS DE ABERTURA E O NEOLIBERALISMO TARDIO BRASILEIRO

Tabela 1 – Composição dos depósitos bancários na Argentina (1988-1998) em US$ bilhões — 87

Tabela 2 – Evolução da estrutura tarifária na Argentina (1988-1991) — 88

Tabela 3 – Balanço de pagamentos no México (1982-1988) em US$ milhões — 95

Tabela 4 – Indicadores macroeconômicos no México (1982-1988) em % — 96

Tabela 5 – Evolução do regime de proteção mexicano (1980-1991) — 99

Tabela 6 – Balanço de pagamentos no México (1989-1997) em US$ bilhões — 103

Tabela 7 – Indicadores macroeconômicos no México (1989-1998) em % — 103

Tabela 8 – Variação anual dos preços em % (1990-1999) — 118

Tabela 9 – Déficit público em % do PIB (1990-2000) — 118

Tabela 10 – Cronograma de reduções tarifárias — 122

Tabela 11 – Tarifa efetiva e TEC (%) — 124

Tabela 12 – Coeficiente de penetração das importações (1999-2000) — 126

Tabela 13 – Captação bruta de recursos externos no Brasil 1991-1997 – (Composição em %) — 135

Gráfico 1 - Evolução da taxa de câmbio efetiva (1990-1999) — 117

III. ABERTURA EXTERNA BRASILEIRA E SEUS IMPACTOS AO LONGO DA DÉCADA DE 90

Tabela 1 – Indicadores macroeconômicos do Brasil (1989-2000) — 142

Tabela 2 – Balanço de pagamentos do Brasil em US$ bilhões: contas selecionadas (1989-1994) — 144

Tabela 3 – Balanço de pagamentos do Brasil em US$ bilhões: contas selecionadas (1995-2000) — 144

Tabela 4 – Dívida externa: Estoque e composição em US$ bilhões (1989-1994) — 148

Tabela 5 – Dívida externa: Estoque e composição em US$ bilhões (1995-2000) — 148

Tabela 6 – Indicadores de vulnerabilidade externa (1989-1994) — 149

Tabela 7 – Indicadores de vulnerabilidade externa (1995-2000) — 150

Tabela 8 – Estoque do passivo externo brasileiro em US$ bilhões (1990-2000) — 152

Tabela 9 – Serviço do passivo externo brasileiro em US$ bilhões (1990-2000) — 153

Tabela 10 – Indicadores de vulnerabilidade em relação ao passivo externo (1989-1994) — 154

Tabela 11 – Indicadores de vulnerabilidade em relação ao passivo externo (1995-2000) — 155

Tabela 12 – Dívida líquida do setor público em R$ bilhões (1994-2000) — 157

Tabela 13 – Dívida mobiliária federal 1994-2000 (em R$ bilhões) — 158

Tabela 14 – Juro, investimento e crescimento, 1990-2000 (%) — 159

Tabela 15 – Evolução da distribuição de renda no Brasil (1960-1990) — 169

Tabela 16 – Distribuição pessoal da renda do trabalho no Brasil (1981-1995) — 169

Tabela 17 – Distribuição de renda por grupos sócio-ocupacionais (1992-1998) — 172

Tabela 18 – Distribuição funcional de renda, 1994-1999 (% do PIB) — 173

Tabela 19 – Renda do trabalho e do capital (1994-2000) — 174

Tabela 20 – Lucro líquido dos bancos (em R$ milhões) 1994-2000 — 175

Tabela 21 – Evolução da população economicamente ativa, da condição de ocupação e do desemprego — 178

Tabela 22 – Distribuição de riqueza no Brasil (1989) — 185

Tabela 23 – Distribuição de riqueza no Brasil (1999) — 188

Introdução

A eleição de Thatcher na Inglaterra em 1979 e a execução da *Reaganomics* nos Estados Unidos nos anos 80 provocaram a revitalização do receituário neoliberal, que passou a ser hegemônico. Entretanto, o neoliberalismo teve efetiva implementação inicial na América Latina, sendo o Chile o primeiro país a fazê-lo em 1973, após o golpe militar liderado por Pinochet. O Uruguai em 1974 e a Argentina em 1976 também experimentaram a terapia neoliberal antes de sua hegemonia ideológica.

O fracasso dessas experiências da década de 70 e das políticas ortodoxas de estabilização dos anos 80[1] foi interpretado pela visão neoliberal como sendo conseqüência de desequilíbrios ou distorções que impediriam o livre funcionamento da economia de mercado. Essas distorções (déficits fiscais crônicos, mercado de bens e de trabalho regulamentados, mecanismos de indexação salarial, desregulamentação financeira sem aparato de fiscalização e erro na seqüência da abertura externa) seriam muito mais efeitos dos erros de implementação do que da natureza das próprias políticas propostas.

Como forma de fornecer subsídio para os *policy makers* dos países latino-americanos, foi realizada em 1989 uma reunião entre membros dos organismos internacionais financeiros, funcionários do governo americano e economistas desses países. Suas conclusões ficaram conhecidas como o Consenso de Washington.[2] A natureza

---

[1] Década esta que ficou conhecida como a "década perdida" para a região por causa da estagnação de seu PIB per capita.
[2] As conclusões da reunião foram compiladas em Williamson (1990).

das propostas se traduz na idéia de que a estabilização deve vir necessariamente acompanhada de reformas.³ Dentre as propostas, tem-se a disciplina fiscal, que visaria a obtenção de um superávit primário e de um déficit operacional de no máximo 2% do PIB. Outra proposta seria a manutenção de uma disciplina monetária e a desregulamentação financeira interna para liberalizar o financiamento, com o objetivo final de obter uma determinação da taxa de juros via mercado, mas com uma taxa real moderada. No que se refere à taxa de câmbio, ela deveria ser unificada em cada país e fixada em um nível competitivo, mas aceitando alguma sobrevalorização momentânea como componente de programas de estabilização (Batista, 1994). No front externo, deveria ser promovida a liberalização comercial e financeira, como forma de aumentar a concorrência interna, de mobilizar a poupança externa e de reduzir o risco de políticas locais inadequadas, dada a perda de autonomia da política econômica. A privatização das estatais e a desregulamentação dos mercados de bens e de trabalho completariam o Consenso de Washington, na medida em que acentuariam o papel do mercado na economia, ajudando a elevar o grau de competitividade e a gerar empregos de alta qualidade. A primeira ainda é defendida como uma forma de saldar ou de diminuir a dívida pública.⁴

Como reconheceu o próprio responsável pelo termo Consen-

---

³ Como o caráter dessas reformas não é meramente econômico, tornava-se necessária a alteração de aspectos político-institucionais nos países que as aplicassem. Dado que esta tarefa envolve conflitos não desprezíveis, foi realizada uma outra reunião, em 1993, para fornecer subsídios de atuação no campo político-institucional interno. As conclusões e as prescrições dessa nova reunião são encontradas em Williamson (1994).

⁴ O fato de que muitos dos objetivos não tenham sido atingidos, quando da implementação dessas propostas em vários países, não significa que as medidas propagandeadas não tenham sido aplicadas. Muito pelo contrário, isso já seria uma prova de que existe muita diferença entre o que se vende como discurso e o que se obtém na prática.

so de Washington, os objetivos destas propostas são claramente a drástica redução do Estado e a abertura total e irrestrita dos mercados, o que evidencia seu caráter neoliberal (Williamson, 1992: 45).

Embora o discurso neoliberal tenha obtido uma grande repercussão nos países centrais, o que se observa é que a liberalização comercial e a redução da participação do Estado na economia não foram tão drásticas assim nesses países.[5] Já na América Latina, as políticas neoliberais têm sido plenamente aplicadas e com menor resistência.

Um pouco atabalhoada e tardiamente, o Brasil passa a implementar as reformas neoliberais, exatamente na passagem da década de 80 para a de 90. O governo Fernando Henrique Cardoso (FHC), eleito em 1994, embora tenha modificado o tipo de política de estabilização macroeconômica,[6] dá continuidade à estratégia neoliberal, ao defender a política antiinflacionária como pré-requisito para a retomada do crescimento, e as reformas estruturais como meio de obter essa retomada do desenvolvimento. O novo governo brasileiro, embora tenha sido eleito dentro de um clima de repudio à estratégia neoliberal, continua implementando essa estratégia.

A singularidade e a efetiva implementação do receituário neoliberal na América Latina formam o contexto deste livro. Sem deixar de lado outros casos importantes como Argentina e México,

---

[5] Esta assimetria é mais nítida quando se observa os EUA. "A bem da verdade, a política de reestruturação norte-americana foi feita à custa do neoliberalismo dos demais países, com importações artificialmente barateadas pela valorização do dólar e parte substancial de seus déficits comercial e fiscal por eles financiados" (Cano, 2000: 26-27).

[6] Na verdade, o Plano Real começa a ser executado um pouco antes da eleição de FHC, mas é o governo deste que dá sustentação ao plano após sua eleição.

o estudo foca as políticas neoliberais no Brasil durante a década de 90, especificamente o impacto da abertura externa (abertura comercial e liberalização financeira externa) sobre o padrão de crescimento e a distribuição. Como o escopo do objeto se restringe à década de 90, a análise não se estende até o ano de 2001, momento em que ocorre uma inflexão na economia mundial que repercutiu no desempenho não só da economia brasileira, mas também no de outras economias da América Latina. Mesmo assim, é preciso ressaltar que os acontecimentos do período 2001-2004 parecem trazer forte evidência a favor dos argumentos centrais levantados neste livro.

A importância da referência dos casos anteriores de aplicação dessas políticas na América Latina reside no fato de que essas experiências já demonstraram que, dentre outros efeitos, se produz extrema fragilidade externa – dependência exacerbada em relação aos capitais externos em um mundo de forte instabilidade do sistema financeiro internacional – e vulnerabilidade – baixa capacidade de resistência da economia nacional frente a choques externos decorrentes da fragilidade.

Ao implementar-se políticas de estabilização baseadas em âncoras cambiais, provocou-se uma sobrevalorização do câmbio real que, em conjunto com um elevado grau de abertura comercial, gerou saldos negativos na conta comercial. Para financiá-los, a alternativa é a atração de capitais externos por meio de altas taxas de juros internas. Esses capitais ainda se aproveitam da elevação do grau de liberalização financeira externa, e acabam por incrementar a tendência de valorização do câmbio real.

Restrições externas provocadas por esse tipo de política, aparentemente, são resolvidas por correções na taxa de câmbio, de forma que, se as taxas de desvalorização nominal superarem as taxas de inflação, ocorrerá uma desvalorização do câmbio real, diminuindo os déficits na balança comercial. Isto reduziria a necessidade de atração de capitais externos e, portanto, de se manter taxas elevadas de juros, o que poderia promover o crescimento futuro. Esta visão conjuntural acaba reduzindo o problema da vulnerabilidade externa a uma mera correção de preços relativos, o nível geral de preços domésticos vis-à-vis os preços externos.

Entretanto, como demonstrado pelas experiências históricas, a vulnerabilidade externa que se manifesta em sobrevalorização cambial, déficits externos crônicos e superendividamento público possui um caráter mais estrutural, rígido. A elevação do grau de abertura comercial de uma economia como essas promove dois efeitos. O efeito direto diz respeito à elevação no volume de importações, o que impacta diretamente sobre as contas externas. Um segundo efeito indireto sobre as contas externas se produz quando essa abertura comercial promove uma reestruturação econômica interna. Como os produtos externos se tornam mais baratos, as encomendas da indústria terminam por se transferir para os bens produzidos externamente. Este processo, depois de algum tempo, leva ao fechamento de unidades produtivas internas, o que lhe justifica a nomenclatura de *processo de desubstituição de importações*. Assim, a elasticidade da demanda da indústria por importações, notadamente por bens intermediários, acaba se elevando. Com isso, qualquer crescimento da renda interna acaba por se refletir em uma elevação das importações e, portanto, em problemas nas contas externas.

Além dos efeitos da abertura comercial, o caráter rígido da restrição externa, dado pela vulnerabilidade, é agravado pela liberalização financeira externa. Esta promove a entrada de capitais externos que, sob uma forma ou outra de entrada, acabam por se refletir em transferências futuras de juros, lucros e dividendos – isto quando não entram na forma de capital especulativo de curto prazo –, implicando na piora da conta de serviços no futuro. Os problemas das contas externas, oriundos de uma longa trajetória de câmbio real sobrevalorizado, são dessa maneira potencializados pela abertura comercial, que leva a saldos negativos na balança comercial, e pela liberalização financeira externa, que tende a agravar o déficit em transações correntes, ao mesmo tempo em que pode promover a entrada maciça de capitais externos, contribuindo para a sobrevalorização cambial. Assim, antes de um mero problema de preços relativos, as maiores fragilidades e vulnerabilidades dessas economias são mais decorrência das estratégias de aumento do grau de abertura externa inerentes às políticas neoliberais que foram implementadas.

Ao contrário do que se costuma supor, o ajuste neoliberal e, em específico, as políticas propostas pelo Consenso de Washington não se resumem à estabilização macroeconômica, mas conformam uma concepção de desenvolvimento da qual a primeira é apenas um componente. Pode-se dividir o programa de ajuste neoliberal em três elementos ou componentes distintos.[7]

O primeiro componente seria o da estabilização macroeconômica, com o objetivo de reduzir a inflação e de controlar as contas governamentais. Não se pode dizer que haja uma política econômica de estabilização claramente neoliberal, apenas que o fracasso das políticas ortodoxas para completar este elemento do programa neoliberal provocou a introdução de instrumentos heterodoxos no combate à inflação, como a utilização da âncora

---

[7] Na realidade, Fiori (1997: 12) define o programa neoliberal em três fases. O termo "fase", empregado por ele, talvez não seja o melhor, pois pode dar a idéia de uma seqüência necessária e mecânica, sem interfaces. Cano (1999: 300) prefere falar em dois principais conjuntos que compõem as reformas neoliberais. Esses dois conjuntos correspondem às duas primeiras fases definidas por Fiori: estabilização e reformas estruturais.

cambial, seja na forma de regimes dolarizados ou de bandas cambiais.[8]

As reformas estruturais de abertura comercial, a desregulamentação dos mercados, a privatização de estatais e de serviços públicos, a eliminação da maior parte dos subsídios, garantindo a liberalização dos preços, e a abertura financeira formam o segundo elemento. São precondições estruturais que possibilitam o funcionamento da economia de mercado, com prudência fiscal, apoiada na iniciativa privada que, para o pensamento neoliberal, garantem o terceiro elemento do programa com a retomada dos investimentos e com o crescimento econômico associado à distribuição de renda para os países periféricos.[9] A economia de mercado funcionando sem intervenções e/ou regulamentações levaria à *ordem natural harmônica*, ao desenvolvimento econômico.

Evidentemente, a seqüência aqui ilustrada de implementação deste programa não é tão mecânica. Há instrumentos da fase de reformas estruturais, por exemplo, que ajudam na estabilização macroeconômica, ou seja, podem existir situações concretas em que instrumentos das duas primeiras fases podem se sobrepor. A abertura comercial, elemento das reformas estruturais, promove a concorrência entre os produtos importados e os nacionais, o que tende a reduzir os preços domésticos. A desregulamentação (flexibilização) do mercado de trabalho,

---

[8] Portanto, não é possível qualquer tipo de identificação do ajuste neoliberal apenas com políticas ortodoxas de administração de demanda, ainda que estas tenham sido aplicadas em algum momento.

[9] É neste ponto que se define o maior perigo de entender o termo "fase" como algo necessariamente seqüencial. Assim procedendo, acaba-se por aceitar o argumento neoliberal de que o desenvolvimento (fase III) é fruto necessário das reformas neoliberais (fase II). Embora isto não passe de um *wishful thinking*, é exatamente assim que o argumento costuma ser apresentado por seus simpatizantes.

por sua vez, pode reduzir os custos do trabalho, segundo o discurso neoliberal, na medida em que diminui os encargos sobre o trabalho, proporcionando o aumento do número de vagas no mercado de trabalho e contribuindo também para o combate à inflação.

Essa característica leva alguns autores a argumentar que não é possível chamar o enfoque neoliberal de paradigma por causa de suas diferentes aplicações práticas em termos de instrumentos, ritmo de implementação, seqüência e combinação de políticas, em função das diversas especificidades dos países que implementaram esse tipo de enfoque. Rosenthal (1996) cita os distintos regimes cambiais adotados, as diferentes políticas de estabilização macroeconômica e a forma diferenciada como foi liberalizada a conta de capital, como exemplos deste tipo de argumento.

Entretanto, a diversidade de formas de implementação da estabilização e da abertura externa não é o que define o programa neoliberal, mas a natureza das reformas. Em primeiro lugar, é importante a estabilização macroeconômica, independentemente da forma (ortodoxa ou heterodoxa) utilizada, pois ela é considerada uma precondição para os outros dois componentes do programa.[10] Entretanto, a principal diretriz do programa neoliberal, dada a estabilização, são as reformas estruturais que supostamente garantiriam o crescimento e o desenvolvimento futuros, pois elas gerariam a concorrência entre a iniciativa privada, levando a ganhos de produtividade e de competitividade. Em suma, a política neoliberal define-se por um ideário de mais longo prazo, uma concepção de desen-

---

[10] A estabilização é um dos principais componentes para a obtenção dos chamados *fundamentos* que, após a abertura externa, garantem a absorção de capitais externos.

volvimento, embora tenha como precondição uma política de estabilização de curto prazo, ortodoxa ou não.[11]

Dentre as reformas estruturais, a abertura externa é uma das mais importantes, até como forma de obter o financiamento externo e de incentivar a concorrência e a produtividade, fatores tidos como necessários para a retomada do crescimento. Essa abertura externa é composta pela abertura comercial, no que se refere à liberalização das importações e à promoção das exportações; pela abertura na conta de transações correntes, traduzida na maior facilidade de remessa de lucros e dividendos, por exemplo; e pela liberalização da conta de capital. Do lado financeiro, um maior grau de abertura significa uma maior facilidade dos residentes para adquirir direitos e assumir obrigações em moeda estrangeira e dos não-residentes em acessar os vários setores do mercado financeiro local (Akyüz, 1992).

Considerando o objeto proposto e o contexto teórico-ideológico que o permeia, o objetivo geral deste livro é fazer uma avaliação do programa neoliberal de abertura externa implementado no Brasil durante a década de 90. Serão avaliadas as reformas no que diz respeito tanto a seus efeitos econômicos de mais longo prazo (padrão de crescimento do país e distribuição de renda) quanto aos efeitos de curto prazo sobre variáveis que sejam influenciadas também pelas políticas de estabilização. Apesar de se tratar de uma concepção de desenvolvimento, de mais longo prazo, faz-se necessária também uma avaliação das políticas de

---

[11] Nesse sentido, o Plano Real faz parte de um programa neoliberal de desenvolvimento "... por sua concepção estratégica de longo prazo, anunciada por seus autores, desde a primeira hora, como condição inseparável de seu sucesso no curto prazo ... para que só depois de restaurada numa economia aberta de mercado possa dar-se então a retomada do crescimento" (Fiori, 1997: 14). Para o mesmo aspecto, só que para o caso chileno da década de 70, ver Foxley (1988).

estabilização sobre o padrão de crescimento e a distribuição, não apenas porque elas também pertencem ao programa neoliberal, mas porque seus efeitos condicionam a retomada ou não dos investimentos e a direção e o estágio das políticas de fomento ao desenvolvimento.

Em termos específicos, a avaliação do impacto da abertura externa no Brasil durante a década de 90 será feita sobre o processo de crescimento dessa economia e o perfil distributivo que essa abertura determinou. *O que se pretende demonstrar, em primeiro lugar, é que a abertura comercial e a liberalização financeira externa provocam elevação da fragilidade financeira externa e da vulnerabilidade externa do país, manifestadas principalmente na elevação do endividamento público, no superendividamento externo (tanto público quanto privado) e nos crescentes déficits no balanço de pagamentos.* As liberalizações cambial, financeira e comercial que compõem a estratégia neoliberal de desenvolvimento levam a uma restrição externa que tende a constringir as taxas de crescimento da economia. Por outro lado, como essa estratégia de desenvolvimento implica na extrema dependência de capitais externos, o aumento da vulnerabilidade acaba por elevar a probabilidade de reversão no fluxo desses capitais, isto é, aumenta a probabilidade de ocorrência de crises de balanço de pagamentos ou cambiais.

Apesar da semelhança no resultado dessas experiências históricas, é preciso diferenciar a natureza da restrição externa que se colocou para esses países em distintos momentos. A crise de balanço de pagamentos na América Latina dos anos 80 foi conseqüência de algumas condições desfavoráveis para a região: drástica redução das fontes externas de financiamento, por conta dos efeitos da crise da dívida externa; deterioração dos termos de troca; forte subida dos juros internacionais; e redução da demanda pelas exportações da região em vista da recessão mundial. A resposta a essa crise foi um ajuste exportador que procurou aumentar os saldos comerciais através do controle recessivo e da promoção de exportações por meio de políticas cambiais. O resultado, ainda que com um significativo crescimento das exportações, combinou a aceleração inflacionária com a estagnação econômica.

Já nos anos 90, o cenário internacional assiste à volta de uma abundante liquidez internacional, por conta tanto do processo de desregulamentação financeira como da securitização das dívidas externas no início do período. Isso levou a uma mudança no tipo de padrão de financiamento externo (ajuste importador). A nova estratégia possibilitou a obtenção de capital externo para subsidiar programas de estabilização com âncora cambial e para financiar os crescentes déficits em conta corrente; estes originados tanto da abertura comercial como da sobrevalorização do câmbio real e da piora na conta de serviços, efeito colateral da abundante entrada de capital externo.

Em segundo lugar, pretende-se demonstrar que a abertura externa, ao contrário do discurso oficial, tende a ampliar a concentração de renda dentro das economias periféricas, no caso específico do estudo, da economia brasileira na década de 90. Pretende-se demonstrar que a concentração de renda após a abertura externa se dá por dois motivos. O primeiro é um efeito direto das reformas neoliberais que – não se pode esquecer isso – são compostas também por políticas de estabilização que acabam por restringir correções (reposições) salariais, embora possam apresentar um impacto redistributivo do tipo *once and for all*, após a redução do imposto inflacionário, e por reformas no mercado de trabalho que acabam por reduzir o salário médio e a qualidade do emprego oferecido. Além disso, dentro do efeito direto, pode-se acrescentar a tendência que a abertura comercial tem sobre a eliminação de postos de trabalho, o que tende a reduzir a massa salarial nessa economia. O segundo motivo para a elevação da concentração de renda após a abertura externa define-se por um efeito indireto desta. Apesar dos ganhos iniciais que podem advir do controle inflacionário, a distribuição de renda possui um caráter estrutural definido pela propriedade dos ativos, ou seja, a distribuição de riqueza que está ligada a fatores sociais e políticos muito mais complexos é logicamente anterior à distribuição de renda. A liberalização financeira externa, aqui incluído o efeito da abertura ao investimento direto estrangeiro, tende a provocar uma concentração de riqueza acentuando o caráter rígido/estrutural da concentração de renda.

Na tentativa de cumprir os objetivos propostos, são apresentadas, no primeiro capítulo, as principais concepções teóricas que embasam o debate teórico sobre a natureza e os efeitos de uma abertura externa para o caso de uma economia periférica. Essas concepções podem ser agrupadas em três grandes grupos. O primeiro deles é a *visão ortodoxa*, que passou das já clássicas justificativas para a abertura comercial e a liberalização financeira externa, para a defesa da necessidade de uma seqüência ótima para a abertura externa. Após as crises financeiras da década de 90, a visão ortodoxa passa a defender a abertura externa seqüencial como condição necessária para a retomada do desenvolvimento, mas não suficiente. Para isto, seria necessária adicionalmente a presença de um Estado que regule as imperfeições do mercado, notadamente do mercado financeiro.

Ainda no primeiro capítulo, é analisada a *visão crítico-conjuntural*, segundo a qual a restrição externa ao crescimento econômico é fruto de políticas econômicas (conjunturais) equivocadas, em específico, da utilização da taxa de câmbio como a variável âncora para os programas de estabilização, o que levaria à sobrevalorização do câmbio real e aos conseqüentes problemas de balanço de pagamentos.

Em seguida, apresenta-se a terceira visão, a *hipótese da fragilidade e da vulnerabilidade externas*, para a qual a restrição externa ao crescimento e ao desenvolvimento não seria um mero problema de preços relativos, mas conseqüência de uma estratégia (opção) nacional e/ou regional pela elevação irrestrita do grau de abertura externa, ao serem liberalizados o comércio exterior e as finanças do país. A elevação do grau de abertura externa, principalmente da abertura financeira, ainda traria o problema da redução da autonomia de política econômica nacional.

O segundo capítulo, por sua vez, procura estabelecer como contraponto ao objeto definido as experiências de outros países. Especialmente, são analisadas as experiências de algumas economias latino-americanas. Além disso, examina-se até que ponto o discurso ideológico neoliberal propagandeado e, em grande medida, imposto pelos países centrais é de fato a característica determinante de suas próprias políticas nacionais. Em seguida, é tratada a implementação das reformas neoliberais no Brasil durante a década de 90.

Finalmente, no terceiro e último capítulo, serão analisados os impactos dessa abertura externa sobre as taxas de crescimento e a distribuição de renda e riqueza no país durante o período selecionado, procurando confirmar as hipóteses aqui estabelecidas.

I
Abertura externa: liberalização financeira e abertura comercial

Os últimos anos do século XX foram apresentados como os constituidores de uma realidade diferente. Eles teriam definido um mundo sem fronteiras, onde todos os mercados estariam integrados e as relações entre os países estariam intensificadas tanto no que diz respeito ao setor produtivo quanto aos fluxos comerciais e financeiros.

Esse processo de globalização, conforme a denominação que se disseminou, manifestar-se-ia na globalização comercial, com a intensificação do comércio de bens e serviços entre os países, na globalização produtiva, definida pela maior participação das operações produtivas das empresas transnacionais por toda a economia mundial, e na globalização financeira, representada pela intensa circulação do capital internacional. Este último aspecto é apresentado, de fato, como a principal característica do novo contexto internacional. Essa globalização financeira é caracterizada por Chesnais (1996) como a interação entre a eliminação dos mercados financeiros locais segmentados (desregulamentação financeira interna), a interpenetração dos mercados monetários e financeiros nacionais (liberalização financeira interna) e a integração desses nos mercados mundializados (liberalização financeira externa).

Apresentado esse contexto, as nações deveriam implementar políticas que garantissem suas respectivas inserções através do maior grau de abertura das economias e da desregulamentação dos diversos mercados. É dessa forma que as políticas neoliberais são justificadas por seus defensores. O desenvolvimento natural e inevitável dos mercados dentro de um contexto mundial teria criado uma realidade na qual a única forma de inserção das economias nacionais seria pela desregulamentação e liberalização de seus mercados e pela redução da participação estatal na economia.

Ao contrário do que afirma essa perspectiva, como constata Helleiner (1996), foram os próprios Estados nacionais centrais[1] que, de acordo com seus interesses, tomaram decisões para abrir o controle dos capitais e para obter acesso aos mercados periféricos.[2]

O resgate da tradição liberal veio acompanhado de suas premissas básicas.[3] Em primeiro lugar, essa tradição assume que os agentes individuais tomam decisões em função unicamente de seu próprio interesse e que as ações decorrentes são frutos de decisões racionais. Em outras palavras, assume-se uma natureza humana psicologicamente dada como base da ação racional egoísta. A segunda premissa garante que todas as interações econômicas, políticas e/ou sociais

---

[1] Em especial, pelas medidas adotadas pelos EUA, sob o que Tavares e Melin (1997) denominam "diplomacia do dólar forte". A este respeito, ver também Tavares (1985) e, para a relação entre o processo de globalização e as políticas neoliberais, Malaguti et al. (1997) e Malaguti et al. (1998).

[2] "Estas políticas foram impostas pelo receituário neoliberal emanado das autoridades econômicas norte-americanas e submeteram o conjunto da economia mundial à preponderância de uma lógica financeira global numa velocidade sem precedente histórico" (Tavares e Melin, 1998: 42).

[3] A identificação das premissas básicas do pensamento liberal não significa que os autores dessa tradição não possuam diferenças entre si. Manent (1987) faz uma apresentação da história intelectual do liberalismo, ao mesmo tempo em que demonstra sua concordância com essa tradição e as diferenças existentes entre os autores que a compõe.

entre os indivíduos só podem ser explicadas pelas atitudes individuais e, portanto, pelo interesse próprio que embasa essas atitudes. Concebe-se uma sociedade como soma das ações individuais racionais, o que, no limite, leva à afirmação de que só são verificáveis os atores individuais, ou seja, leva ao empirismo mais tradicional.[4] A terceira premissa garante que as ações individuais egoístas levam ao bem-estar geral, já que elas fazem parte de uma *ordem natural harmônica*. Esta última, e é isso o que define a quarta premissa, é garantida pelo funcionamento do mercado que conseguiria direcionar os interesses privados rumo ao ótimo social, garantindo a *ordem natural*. Por último, e até em decorrência das outras premissas, torna-se indesejável qualquer intervenção nesse mercado, já que ela estaria impedindo o livre e natural funcionamento da sociedade que leva, por premissa, à *ordem harmônica*. Daí a defesa do Estado mínimo não-interventor que assumisse apenas as funções de guardar pela liberdade de ação individual e pelo bom funcionamento do *estado natural* da sociedade.

Apesar da recuperação do individualismo metodológico, do naturalismo e da noção de progresso, inerente na idéia de harmonia natural, esse resgate da tradição liberal possui algumas diferenças com o liberalismo clássico dos séculos XVII e XVIII, cuja maior influência no pensamento econômico parece ter sido efetuada no século XIX. É isto o que permite uma nomenclatura diferenciada para o "novo liberalismo". Essa nomenclatura já foi aceita como sendo a de neoliberalismo.[5]

---

[4] "... as características essenciais do individualismo... são o respeito pelo homem individual em sua qualidade de homem, isto é, a aceitação de seus gostos e opiniões como sendo supremos dentro de sua esfera, por mais estreitamente que isso se possa circunscrever, e a conciliação de que é desejável o desenvolvimento dos dotes e inclinações individuais por parte de cada um" (Hayek, 1977:17).

[5] Alguns autores defendem a idéia de que não existe nenhuma especificidade no neoliberalismo. Segundo Draibe (1994:81), o neoliberalismo não constitui um corpo teórico original e coerente, pois não passa de um conjunto de proposições práticas que reproduz o liberalismo clássico, introduzindo o conservadorismo político e o darwinismo social.

A diferença mais perceptível diz respeito ao contexto histórico. O liberalismo clássico tinha um caráter mais progressista, pois bradava contra uma aristocracia em geral despótica, desenvolvendo-se na luta contra os privilégios da nobreza e os direitos divinos. Tratava-se da ascensão de uma nova classe social, a burguesia, que procurava sua inserção no espaço político-ideológico da época. Já o neoliberalismo efetivou-se lutando contra o Estado keynesiano, procurando voltar a uma ordem estabelecida anteriormente em que a concorrência perfeita e a democracia eram, como se supõe, a norma. Isso dá ao neoliberalismo um caráter muito mais conservador que o liberalismo clássico (Toledo, 1994).

O contexto histórico ainda traz à tona uma outra distinção. O ideário neoliberal combinou-se de tal forma com as transformações econômicas e políticas das últimas décadas – globalização dos mercados e derrocada do socialismo real dentre outras – que sua aceitação não é mais uma opção ideológica, mas uma pretensa aceitação dos fatos. O neoliberalismo ocupa todos os espaços da sociedade, não cedendo lugar a dissenso algum. A suposta demonstração histórica da adequação e, portanto, da superioridade do mercado faz com que o neoliberalismo apareça mais como uma "vitória" ideológica do que como uma alternativa. Essa hegemonia ideológica e unilateralidade do neoliberalismo refletem-se no que se convencionou chamar de pensamento único.[6]

Uma terceira diferença apresenta-se nos fundamentos. O liberalismo clássico estava ligado à filosofia dos direitos naturais e postulava que os homens nasciam livres e racionais. Razão e liberdade eram os valores fundamentais do liberalismo clássico, o que nos permite afirmar que ele era fundamentalmente filosófico e

---

[6] Também chamado de TINA ("There is no Alternative").

político.[7] Desta forma, pode-se dizer que a concepção de economia era derivada de toda uma complexa formulação política e filosófica. Já o neoliberalismo, muito mais que uma filosofia moral ou política, manifesta-se meramente como um receituário de política econômica, no qual as esferas políticas e sociais são reflexos do comportamento econômico, subordinadas a critérios de eficiência. Para o neoliberalismo, o homem extrapola seu comportamento maximizador, avaliando custos e benefícios de suas decisões, para todas as esferas da sociedade. Se antes, no liberalismo clássico, razão e liberdade eram valores fundamentais reciprocamente articulados, agora, no neoliberalismo, a liberdade passa a se subordinar a uma razão economicista.

Essa hierarquia de valores nos leva a uma quarta diferença. Os conceitos de liberdade e igualdade no liberalismo clássico eram mais próximos, pelo menos no que diz respeito ao plano jurídico. Em alguns pensadores, o direito inalienável do homem à liberdade não seria efetivado sem sua contrapartida de igualdade social. Já para os neoliberais, essa subordinação mútua entre liberdade e igualdade não se define. Muito pelo contrário, a desigualdade converte-se em um valor.[8] Para eles, a desigualdade econômica

---

[7] Quando trata da divisão do trabalho, Adam Smith (1985: 49) afirma que "ela é a conseqüência necessária, embora muito lenta e gradual, de uma certa tendência ou propensão existente na natureza humana que não tem em vista essa utilidade extensa [produzir riqueza], ou seja: a propensão a intercambiar, permutar ou trocar uma coisa pela outra". Bilbao (2000) mostra que, mesmo considerando um indivíduo inclinado a considerar outros indivíduos, como faz Smith na *Teoria dos Sentimentos Morais* (1759) com o conceito de *simpatia*, a propensão natural à troca do indivíduo na sua *Riqueza das Nações*, obra posterior (1776), é clara.

[8] "Em nenhum ponto fica mais claro e mais fácil demonstrar a diferença entre o raciocínio do velho liberalismo e o do neoliberalismo do que no tratamento do problema da igualdade. Os liberais do século XVIII, guiados pelas idéias da lei natural e do iluminismo exigiam para todos a igualdade nos direitos políticos e civis, porque pressupunham serem iguais todos os homens ... No entanto, nada mais infundada do que a afirmação da suposta igualdade de todos os membros da raça humana. Os homens são totalmente desiguais" (Mises, 1987:53).

não é algo que possa ser concebido como justo ou injusto, já que o mercado não é algo voluntário, mas impessoal. A desigualdade seria justificável não só por seu aspecto econômico, como um prêmio aos mais produtivos e eficientes, mas por seu aspecto moral de incentivo à "ascensão social" por esforço pessoal. Assim, o neoliberalismo critica a noção de justiça social porque ela trataria igualmente eficientes e ineficientes, isto é, os desiguais.

Por último, pode-se diferenciar esses dois tipos de pensamento pela questão do papel do Estado. O liberalismo clássico concebia um Estado mínimo, no qual a liberdade individual estaria garantida por uma relação não entre governo e governados, mas pelo pacto social estabelecido pelos indivíduos que prezasse pelos direitos naturais do homem, dentre eles o direito à propriedade. Esse Estado funcionaria como um árbitro reconhecido e imparcial que administraria os possíveis conflitos entre indivíduos que poderiam advir do funcionamento do estado natural. Já o neoliberalismo prega o Estado mínimo como uma forma de propiciar o livre funcionamento do mercado, que levaria à *ordem natural harmônica*. Paradoxalmente, e é aqui que se encontra a diferença, seria necessário um Estado forte para garantir o Estado mínimo. As funções do primeiro seriam basicamente duas: implementar todas as reformas estruturais para desmantelar o *Welfare State*, garantindo o funcionamento livre do mercado (Anderson, 1995), e controlar até autoritariamente, se preciso for, os conflitos daí resultantes.[9]

---

[9] A associação do neoliberalismo com regimes autoritários, como ocorreu na América Latina dos anos 70, no que ficou conhecido como "fascismo de mercado" (Villarreal, 1984), não é de todo estranha para os formuladores desse pensamento. "O mérito que ... o fascismo obteve para si estará inscrito na História. Porém, embora sua política tenha propiciado salvação momentânea, não é do tipo que possa prometer sucesso continuado. O fascismo constitui um expediente de emergência. Encará-lo como algo mais seria um erro fatal" (Mises, 1987:53). A necessidade de um Estado forte não se manifesta apenas em regimes ditatoriais. Hoje, ele assume uma forma muito mais próxima de uma *democracia restringida* (Borón, 1994).

Essa característica do Estado forte é decorrente de outras duas. Em primeiro lugar, do contexto histórico, pelo fato de a economia capitalista ter convivido cerca de três décadas com um Estado de bem-estar bastante presente, o que torna necessária uma instituição forte para desregulamentá-lo e reformá-lo. Em segundo lugar, como todas as instâncias sociais devem submeter-se à lógica do mercado, faz-se necessário um Estado forte para disseminar essa lógica por toda a sociedade.

A afirmação do neoliberalismo não foi feita apenas em termos político-ideológicos, mas, como visto antes, também se desdobrou, e esta é sua característica determinante em um receituário de política econômica. Aliás, aqueles termos parecem ser muito mais um meio de justificar este último. Dentro desse receituário de política econômica, a abertura externa possui um papel de destaque, uma vez que ela proporcionaria o acesso aos mercados e à liquidez internacionais, condição necessária, segundo esta perspectiva, para o desenvolvimento econômico, principalmente de economias consideradas periféricas.

I. A ABERTURA EXTERNA E SUAS JUSTIFICATIVAS

O processo de abertura externa desdobra-se em dois componentes, a abertura comercial para a livre mobilidade dos fluxos de bens e serviços e a liberalização financeira externa, que se traduz na maior liberdade que os agentes, tanto residentes quanto não-residentes, possuem para fazer transações financeiras em moeda doméstica e estrangeira. Segundo a concepção neoliberal, dado o acelerado grau de globalização da economia, quanto mais integrada internacionalmente for uma economia, tanto maior serão suas perspectivas de desenvolvimento. Portanto, justifica-se o argumento do grau da abertura externa, da integração internacional, como a única forma que uma economia possui para garantir o seu desenvolvimento.

A abertura comercial é entendida por alguns autores[10] como sendo diferente da liberalização comercial, no sentido de que a primeira estaria composta por um conjunto de políticas para orientar a economia rumo aos mercados internacionais, em um processo liderado pelas exportações. Por outro lado, a liberalização comercial diria respeito ao desmantelamento da proteção e do controle governamentais em um processo liderado pelas importações. Como será visto e discutido mais adiante, o combate político-ideológico ao protecionismo comercial se assenta muito mais no segundo aspecto, enquanto que os testes empíricos são construídos de acordo com o primeiro.

Por sua vez, a liberalização financeira externa[11] é entendida como o aumento do grau de abertura financeira, ou seja, pelo aumento da facilidade com que os residentes de um país podem adquirir ativos e passivos expressos em moeda estrangeira e os não-residentes podem operar nos mercados financeiros domésticos. Essa liberalização financeira externa tem como âmbitos gerais a liberalização das transações de entrada, das transações de saída, e a conversibilidade entre moedas. A primeira relaciona-se com a liberdade para os residentes obterem empréstimos nos mercados externos, por razões alheias ao comércio de bens, e para os não-residentes concederem crédito nos mercados nacionais. A segunda seria traduzida na liberdade para os residentes transferirem capital

---

[10] Agosin e Ffrench-Davis (1993) por exemplo.
[11] Akyüz (1991a e 1994) prefere utilizar este conceito que inclui as relações creditícias entre residentes denominadas em moeda estrangeira ao invés do conceito de liberalização das transações correntes na conta de capital, que se resume às transações de entrada e saída de moeda estrangeira.

e adquirirem ativos financeiros fora do país, e para os não-residentes emitirem passivos nos mercados locais. A conversibilidade entre moedas define-se pela autorização de relações creditícias em moeda estrangeira entre residentes. Dessa forma, o grau de abertura financeira é dado pela maior facilidade na operação das transações de entrada e saída de moeda estrangeira, e pela maior conversibilidade entre moedas.

1. Abertura comercial e competitividade

Em termos genéricos, a abertura comercial é defendida e propagandeada por duas grandes razões. Em primeiro lugar, em uma situação de autarquia, existiria ineficiência na alocação dos recursos porque os preços internos estariam "distorcidos" vis-à-vis o referencial competitivo externo. Em segundo lugar, uma maior abertura comercial seria desejável, pois ela promoveria as condições necessárias para um crescimento impulsionado pelas exportações, definindo um argumento mais voltado à promoção do crescimento. O primeiro argumento está muito mais ligado ao conceito de liberalização comercial, e se baseia no conceito ricardiano de vantagens comparativas, segundo o qual os países obtêm ganhos de comércio se eles se especializarem na produção do bem em que possuírem as tais vantagens, adquirindo os outros bens mediante o comércio externo.[12] A partir daí podem ser tiradas conclusões que apóiam as vantagens do livre comércio e, portanto, da maior abertura comercial: (i) a renda real a preços internacionais aumenta; (ii) para os países em desenvolvimento,

---

[12] Para maiores especificações sobre a teoria convencional de comércio exterior pode-se consultar Gonçalves et al., 1998.

eleva-se a produção do bem para o qual eles possuem vantagem comparativa e, portanto, redistribui-se renda em favor do fator abundante, no caso de economias periféricas, geralmente o trabalho não-qualificado.

O segundo argumento relaciona-se com o de abertura comercial, conforme diferenciação feita anteriormente. Procura-se justificar a abertura comercial por sua pretensa relação com uma possível promoção do crescimento.

Vários trabalhos empíricos procuraram relacionar a abertura comercial com o crescimento das economias.[13] Pretendia-se com isso criticar as políticas nacionais voltadas para dentro, especificamente as de substituição de importações. Essas políticas não promoveriam incentivos ao crescimento, e os países que implementaram políticas distintas de promoção de exportações (abertura) teriam apresentado menores taxas de crescimento. Esses trabalhos, no entanto, não se sustentam nem empírica e nem teoricamente.

Testar empiricamente a relação abertura-crescimento econômico, inferindo a correlação entre a taxa de crescimento da economia e a taxa de crescimento das exportações, é algo no mínimo manipulador. Em primeiro lugar, porque é quase óbvio que essa correlação tende a ser positiva, uma vez que as exportações são componentes da demanda agregada e, portanto, determinantes do nível de renda da economia. Nem mesmo esta obviedade permite, no entanto, estabelecer qualquer relação de causalidade através dos testes empíricos.[14] Em segundo lugar, porque o con-

---

[13] As referências para isso são inúmeras: Bhagwati (1978), Krueger (1978), Balassa (1982), Banco Mundial (1987), Michaely et al. (1991), dentre outras.

[14] Mesmo assim, a esperada correlação positiva entre a taxa de crescimento das exportações e a taxa de crescimento da economia não é algo tão simples que possa ser generalizado para todos os países. Na verdade, os efeitos da performance nas exportações sobre o desenvolvimento econômico dependem da estrutura da economia em questão e de suas relações particulares com o sistema econômico mundial (Gonçalves e Richtering, 1987).

ceito de abertura comercial, enquanto característica distintiva da tradição neoliberal, está muito mais associado à liberalização das importações, com as vantagens propagandeadas pelo modelo H-O-S, enquanto que a promoção de exportações como forma de crescimento só é defendida se estiver dentro do contexto de especialização ditado pelas vantagens comparativas.

Isto permite definir uma falácia na argumentação da abertura comercial. Esses estudos empíricos tratam liberalização comercial como sinônimo de uma economia que promova as exportações, diferenciando esta estratégia do processo de substituição de importações (economia voltada para dentro). Na verdade, promoção de exportações não é uma estratégia exclusiva de uma reforma de liberalização comercial.[15] Muito pelo contrário, "a mera expansão da demanda ou o uso de exportações adicionais para romper a restrição do comércio internacional não parece ser o que têm em mente os neoclássicos" (Taylor, 1988:88); o que se pretende justificar, mais do que isso, é a liberalização das importações.

Esse tipo de raciocínio foi assumido por um ex-integrante de uma das equipes que se ocupou da implementação das reformas neoliberais no Brasil. Segundo ele, uma economia que não é exposta à concorrência internacional não tem incentivos para aumentar sua produtividade e, como os salários reais estão ligados à produtividade marginal do trabalho, tende a concentrar sua renda (Franco, 1998). Seriam estes os males da estratégia brasileira de substituição de importações, que teria entrado em crise na década de 80. Dever-se-ia, portanto, promover a abertura externa comercial de forma a aumentar a concorrência internacional com os produtos nacionais. Essa promoção da concorrência garantiria

---

[15] Sachs (1997) mostra que o Estado teve papel ativo na promoção das exportações no sudeste asiático, sendo que as importações não foram liberalizadas.

que as indústrias domésticas incrementassem o progresso técnico e a produtividade, o que traria dois efeitos benéficos para a economia brasileira: aumento das taxas de crescimento e redução da concentração de renda.

2. Liberalização e abertura financeiras

Antes de um desenvolvimento natural dos mercados, como pretendem crer os defensores da abertura externa, a internacionalização financeira observada nas últimas décadas deve-se muito mais a modificações nas políticas econômicas e institucionais implementadas.

Pode-se entender a exacerbação da capacidade inovativa do sistema financeiro internacional nas últimas décadas como conseqüência da alteração da política econômica americana que levou a grandes oscilações nas taxas de juros e de câmbio. Antes disso, o sistema americano era caracterizado por uma forte regulamentação erigida durante a década de 30 para controlar as crises bancárias ocorridas nessa época.

O processo de desregulamentação desse sistema, a partir do final da década de 60, teve como modificações mais relevantes a revogação da proibição dos bancos comerciais pagarem juros sobre depósitos à vista, a autorização de criação de um mercado *off-shore* dentro dos EUA e a permissão do lançamento de ADR's,[16] ou títulos junto a investidores institucionais qualificados. Vale destacar também como parte do processo de desregulamentação, e já como elemento da internacionalização financeira, o fato de filiais

---

[16] *American Depository Receipt* – emitido por banco americano como contrapartida de ações de não-residentes (Lima, 1997:22).

bancárias americanas na Europa começarem a emitir certificados de depósitos bancários.

Dentre as razões para esse processo de desregulamentação destacam-se a volatilidade da taxa de juros americana no período, a crise do endividamento que levou à queda da lucratividade do setor bancário e a criação de novos produtos financeiros, provocada pela acirrada concorrência interbancária. Estes elementos nos permitem entender o processo de desregulamentação do sistema financeiro americano como uma resposta do mercado à regulamentação excessiva anterior.

Esse processo foi se ampliando por outros países, chegando, por exemplo, à Grã-Bretanha por intermédio do governo Thatcher e ao Japão no início dos anos 80, preponderantemente por causa da pressão americana.

A ampliação do processo de desregulamentação pelos países industrializados, e por todos os mercados emergentes, e a interpenetração dos vários mercados nacionais, propiciada pela liberalização dos fluxos internacionais de capitais,[17] levaram à exacerbação do processo de internacionalização financeira, o que ficou conhecido como globalização financeira.

Chesnais (1999a) prefere chamar este último aspecto das alterações do sistema financeiro internacional de mundialização financeira, definindo três etapas de seu processo. A primeira etapa que compreende o período 60-79 é chamada pelo autor de internacionalização financeira direta. Os sistemas monetário e financeiro teriam iniciado essa etapa compartimentados e a inter-

---

[17] A defesa da abertura externa das economias, composta pela abertura comercial, liberalização na conta de transações correntes (dada pela facilidade de remessa de lucros e dividendos), e pela liberalização da conta de capital, faz parte da política deliberada da "diplomacia do dólar", que obrigou a economia mundial a financiar os déficits gêmeos americanos (Tavares e Melin, 1997).

nacionalização teria sido limitada, destacando-se o surgimento e o desenvolvimento do mercado de eurodólares.[18] É nesse período que culmina a queda do sistema de Bretton Woods com o fim do padrão ouro-dólar e do sistema de taxas de câmbio fixas. Este último fato fez com que o mercado cambial, a partir de então extremamente volátil, fosse o primeiro compartimento a entrar na mundialização financeira contemporânea. Isto se deu através do surgimento do mercado de derivativos sobre moedas, com o objetivo de realizar cobertura cambial sobre a volatilidade das cotações, mecanismo que também se desenvolveu para as taxas de juros. É nesta primeira etapa também que ocorre a acelerada expansão internacional dos bancos americanos, fruto da desregulamentação ocorrida naquele país.

A segunda etapa é a da desregulamentação e liberalização financeira, abrangendo o período 79-85. É iniciada com as medidas dos governos americano e britânico que originaram o atual sistema financeiro liberalizado. As principais características dessa etapa são a liberalização, tanto para entrada como para saída, dos movimentos de capitais e a securitização das dívidas públicas. Como alterações institucionais, devem ser destacados: o aumento da importância das instituições financeiras não-bancárias no mercado financeiro em detrimento dos bancos e o crescimento da participação de fundos de pensão e de fundos mútuos.

A generalização da arbitragem e a incorporação dos mercados emergentes formam a terceira etapa (86-95). Ela se caracterizou pela abertura e desregulamentação dos mercados de ações,[19] pela

---

[18] Os euromercados são locais onde ocorrem as transações financeiras internacionais que são realizadas com moedas que não a do país em que se localiza o agente financeiro.

[19] Embora "ainda hoje a interligação entre os mercados acionários seja menos extremada que a dos mercados de câmbio e de títulos" (Chesnais, 1999a:29).

incorporação dos mercados emergentes dentro da circulação internacional do capital e pelos choques financeiros e cambiais de maior intensidade. Nessa etapa é que ocorre também o surpreendente crescimento dos derivativos, que apresentaram uma taxa de crescimento de 843% entre 1986 e 1992 (Lima, 1997: 148 e 160).

Além de pressões políticas e institucionais para que os países implementassem os processos de desregulamentação e liberalização dos fluxos de capitais, várias justificativas teóricas e ideológicas são apresentadas para justificar as políticas de viés liberal.

Segundo Mckinnon (1973) e Shaw (1973), a repressão financeira interna pode ser entendida como a implementação de qualquer tipo de restrição governamental que impeça o funcionamento eficiente do mercado financeiro doméstico, seja por excessivo controle das entidades bancárias e não-bancárias ou pelo estabelecimento de reservas compulsórias e controles sobre a determinação da taxa de juros. Esse conceito pode ser estendido para todos os tipos de restrições existentes sobre a livre movimentação de capitais financeiros domésticos e internacionais. A repressão financeira externa estaria definida, portanto, por mecanismos diretos e indiretos que reduzissem a conversibilidade da moeda nacional em moedas estrangeiras, seja pelo lado das transações correntes, seja pelo movimento de capitais.

Para os defensores da liberalização financeira externa, as restrições ao movimento de capitais não seriam desejáveis por duas razões (Mathieson e Rojas-Suárez, 1993). Em primeiro lugar, essas restrições não seriam eficazes em seu intento, uma vez que os mercados poderiam encontrar formas para contornar essas restrições; os processos de inovação financeira seriam o melhor exemplo. Em segundo lugar, as restrições provocariam ineficiências na alocação internacional de recursos, dentre outras coisas, porque não é possível separar claramente as correntes especulativas das que respondem a mudanças nas variáveis fundamentais, isto é, seria difícil distinguir entre o que é capital especulativo e o que não é. A repressão financeira faria com que as taxas de juros de mercado ficassem abaixo daquela que seria observada para equilibrar o mercado de fundos emprestáveis (taxa natural de juros), o que provocaria dois efeitos maléficos para essa economia: o racionamento de crédito, que leva a ineficiência na alocação dos recursos, e a carência de poupança interna, que reduziria as taxas de investimento e o crescimento da economia.

Assim, a liberalização e a abertura financeiras que permitissem uma maior mobilidade de capitais seriam benéficas porque aperfeiçoariam a intermediação financeira global entre poupadores e investidores, permitindo a canalização da poupança externa para países com insuficiência de capital. Isto seria possível, pois, com a desrepressão financeira interna, as taxas de juros de mercado dos países com insuficiência de capital iriam subir, o que terminaria por atrair o capital externo. Esse processo ajudaria também no financiamento compensatório de choques externos e, portanto, na estabilização do gasto interno de quem os sofresse. Uma outra justificativa apresentada é o aumento da eficiência do sistema financeiro internacional, dada pela concorrência entre agentes residentes e não-residentes. A abertura financeira externa também aumentaria a possibilidade de diversificação dos riscos por parte dos investidores domésticos e externos e, em conseqüência, da diversificação de posse de ativos. Justifica-se ainda a abertura ao livre movimento de capitais, porque ela leva, como será melhor analisado posteriormente, à perda de autonomia de política econômica para os países que a implementarem, o que seria salutar, já que reduziria o risco de políticas inadequadas (sic).

Por essas razões é que a liberalização financeira externa também faz parte do discurso que prega a abertura econômica externa como forma de garantir o crescimento das economias, em especial daquelas em desenvolvimento nesse novo contexto internacional.

II. REVISÃO DAS JUSTIFICATIVAS CONVENCIONAIS PARA A ABERTURA

A implementação pioneira e o fiasco da estratégia neoliberal de desenvolvimento calcado, dentre outras coisas, na abertura externa, nos países do cone sul (Argentina, Chile e Uruguai)[20] durante a década de 70, fizeram com que o pensamento ortodoxo revisse seus argumentos.[21]

1. O argumento seqüencial

Após a primeira fase em que o argumento ortodoxo da liberalização radical e do tratamento de choque não foi respaldado pelas experiências latino-americanas, a explicação convencional passou para um segundo momento em que se defendeu o argumento seqüencial (Mckinnon, 1991). Segundo ele, a simultaneidade do processo de abertura poderia levar a um superendividamento externo e à valorização cambial, uma vez que, com a desrepressão financeira, as taxas de juros domésticas seriam superiores às internacionais, provocando uma forte e súbita entrada de capitais. Isso

---

[20] Para uma análise pormenorizada do resultado dessas experiências veja-se: Edwards e Edwards (1992), Foxley (1988), Edwards e Teitel (1991), Villareal (1984) e Cano (2000).
[21] Como bem reconheceram Diaz-Alejandro (1985) e Fanelli e Frenkel (1994).

traria o superendividamento externo (*overborrowing syndrome*) e a valorização cambial. Esta última, em conjunto com a abertura comercial, levaria a fortes saldos negativos na balança comercial, o que poderia comprometer as contas externas do país em questão. Além disso, a simultaneidade do processo de abertura poderia levar ao financiamento da importação de bens de consumo, o que implicaria na redução da importação de bens de investimento e na diminuição do investimento nos setores produtores de bens exportáveis.

É por isso que a abertura externa deve-se dar de forma seqüencial. A seqüência ótima proposta por Mckinnon (1991:4-10) deveria ser iniciada por uma reforma fiscal que reduzisse a rigidez nas taxas de juros, ou seja, reduzisse a necessidade de rolagem da dívida pública com custos cada vez maiores. A idéia desta primeira etapa é a de que, com uma reforma fiscal conseqüente, o Estado reduzisse seus déficits e, com isso, a necessidade de financiá-los com novo endividamento público. Isto, ao mesmo tempo que reduziria o déficit público, influiria positivamente nas expectativas dos agentes quanto à capacidade do setor público em honrar seus compromissos, o que reduziria as taxas de juros pagas sobre novos títulos públicos lançados no mercado.

A segunda etapa seria a desregulamentação financeira doméstica (liberalização financeira interna), através da eliminação de recursos e créditos dirigidos e dos créditos preferenciais, da redução das reservas compulsórias impostas aos bancos, da redução/eliminação de outras restrições bancárias, como a obrigatoriedade de compra de títulos públicos e requisitos mínimos para crédito, e da desregulamentação dos tipos e estruturas de passivos. Além disso, a liberalização financeira interna requereria a privatização dos bancos estatais e das instituições de seguro. O objetivo central da liberalização financeira interna seria dar exclusividade ao mercado na alocação dos recursos financeiros e na determinação da taxa de juros. Essas duas primeiras etapas completariam a desrepressão financeira interna. A principal vantagem da desrepressão financeira interna, segundo esta perspectiva, é dada pelo fato de que ela permitiria sanar o determinante do atraso econômico dos países periféricos: escassez crônica de poupança interna. A repressão financeira significaria o controle e/ou determinação da taxa de juros por mecanismos extra-mercado, mantendo essa taxa em patamares artificialmente baixos, reprimindo a poupança e a oferta de crédito. Completada a desrepressão, o acréscimo de poupança financiaria o investimento em expansão.

Dando início à abertura externa, a terceira etapa teria de ser a unificação do mercado cambial antes da liberalização externa, para acabar com as discriminações contra exportadores e/ou importadores potenciais. A quarta etapa é a da abertura comercial que, segundo Krueger (1978) e Bhagwati (1978), também deveria ser feita em seqüência. Inicialmente, seriam eliminadas gradualmente as quotas de importação, ao mesmo tempo em que se promove uma desvalorização da taxa de câmbio que se traduza em desvalorização da taxa de câmbio real, a fim de reduzir o viés anti-exportador das economias fechadas e prevenir a ocorrência de déficits na balança comercial. Em seguida, as quotas seriam convertidas em tarifas, de forma a acabar com as barreiras não-tarifárias. Por último, estabelecer-se-ia a plena conversibilidade em conta corrente, seriam reduzidas as tarifas médias de proteção e não seriam mais utilizadas quotas como forma de atenuar desequilíbrios no balanço de pagamentos.

Completada a abertura comercial, seria implementada a quinta e última etapa da seqüência ótima de abertura externa, a liberalização financeira externa que, como definido anteriormente, deveria significar o aumento do grau de abertura financeira, isto é, a maior facilidade em que os residentes de um país podem adquirir ativos e passivos expressos em moeda estrangeira e os não-residentes podem operar nos mercados financeiros nacionais.

Todas essas reformas deveriam, evidentemente, ser precedidas de uma estabilização macroeconômica que garantisse a credibilidade para a implementação das primeiras. A implementação dessa seqüência ótima de reformas liberais garantiria o cumprimento de uma disciplina econômica (obtenção dos tais *fundamentals*), que sustentaria a continuidade de entrada de capital externo que financiaria o desenvolvimento econômico.

2. O revisionismo do pós-Consenso de Washington: imperfeições de mercado e a reforma das reformas

As crises financeiras e cambiais da década de 90 obrigaram o pensamento ortodoxo a reformular-se mais uma vez. Em sua constante luta contra as evidências empíricas em busca de se adequar *ex-post* aos fatos, o pensamento convencional entrou em uma terceira fase reconhecendo que a seqüência das reformas é importante, porém é insuficiente, e pode levar a instabilidades financeiras e crises cambiais.[22]

Como as críticas à liberalização financeira costumam assentar-se na ineficiência dos mercados, esta terceira fase do pensamento ortodoxo tende a complementar o argumento seqüencial com medidas que minimizam essas imperfeições de mercado.

---

[22] Esses argumentos podem ser encontrados em Eichengreen et al. (1998), Eichengreen et al. (1999), Demirgüç-Kunt e Detragiache (1998), Stiglitz (1999) e Hausmann e Rojas-Suárez (1996).

No que se refere aos mercados financeiros, sua ineficiência estaria dada muito mais pela existência de informações assimétricas do que pela liberalização em si. A fragilidade financeira, característica das economias que enfrentaram crises financeiras e/ou cambiais, teria origem no caráter incompleto das informações relevantes para que os agentes tomem suas decisões nos mercados financeiros, e não em algo intrínseco à própria natureza desses mercados. A existência de informações assimétricas, em um processo de abertura financeira, geraria alguns problemas para a eficiência desses mercados: (i) racionamento de crédito, uma vez que os credores não possuiriam todas as informações necessárias sobre os tomadores de empréstimos; (ii) seleção adversa, segundo a qual os investimentos com menores chances de sucesso "expulsariam" do mercado aqueles com maiores chances, justamente pela impossibilidade dos credores hierarquizarem perfeitamente os planos de investimento segundo suas diferentes viabilidades; (iii) risco moral, em que a existência de emprestadores de última instância com atuação não seletiva faz com que os agentes em dificuldades sintam segurança em tomar empréstimos para investir em operações cada vez mais arriscadas; e (iv) comportamentos de manada, nos quais os agentes sem informação privilegiada procurariam seguir aqueles que pretensamente a possuíssem, o que poderia redundar em tendências auto-referendadas.

Dessa forma, embora a seqüência na abertura externa seja uma medida importante, as imperfeições relativas às informações assimétricas nos mercados financeiros exigiriam uma intervenção estatal corretiva, composta por uma supervisão das instituições financeiras, por uma regulação preventiva e por um comportamento mais cuidadoso e seletivo do emprestador de última instância.²³ Apesar de se requerer essa intervenção, é evidente que ela só se define como uma forma complementar às determinações do mercado financeiro, ou melhor, é apenas um meio de fornecer um ambiente econômico mais estável para que os agentes possam fazer uso das informações disponíveis da melhor forma possível. Não se trata em nenhuma hipótese de restringir a liberalização financeira, mas apenas de complementá-la com um aparato regulatório. As benesses do funcionamento dos mercados continuam sendo apregoadas.

Este é o atual "estado das artes" da argumentação a favor da liberalização financeira externa. Resta saber quando a realidade do comportamento dos mercados financeiros obrigará a concepção ortodoxa a uma nova revisão (reforma) de seus argumentos. Até lá, a intervenção estatal, apenas no sentido regulatório, ainda é importante, já que os benefícios da abertura seqüencial parecem demorar a acontecer.²⁴

O caráter ineficiente ou incompleto dos mercados também é o que orienta o revisionismo presente nos novos modelos do comércio internacional.²⁵ É justamente porque as hipóteses dos modelos tradicionais de retornos constantes de escala, que leva ao equilíbrio competitivo, e de existência de equilíbrio com concorrência perfeita não se verificam no real-concreto que surgem situações em que se vislumbram formas de proteção comercial. Como os mercados costumam operar com retornos crescentes e

---

[23] "Com estas salvaguardas, a liberalização torna-se não apenas inevitável, mas claramente benéfica" (Eichengreen et al., 1999:10).

[24] Por mais incrível que possa parecer, é exatamente isso que Fanelli e Frenkel (1994) argumentam. Segundo eles, os benefícios da abertura podem levar até uma década! Em outras palavras, não resta mais nada a fazer (além da presença *regulatória* do Estado) a não ser esperar.

[25] Sobre isso ver Krugman (1988), Taylor (1988), Edwards (1993), além do trabalho inicial de Helpman e Krugman (1985).

concorrência imperfeita, a política comercial ativa possui um papel importante em duas frentes (Krugman, 1988): (i) ela pode ser utilizada para reduzir o poder de mercado das empresas estrangeiras no mercado interno, tanto no que se refere às importações como ao investimento direto; e, (ii) ela pode reforçar o poder de mercado das empresas nacionais em sua competição no estrangeiro.

Mesmo assim, os novos modelos do comércio internacional ainda encontram espaço para apontar razões pelas quais o livre comércio é preferível:[26] (i) ainda na presença de economias de escala e de escopo e com concorrência imperfeita, um país pode melhorar trocando maior quantidade e variedade de produtos provenientes da mesma indústria (comércio intra-industrial), com custos decrescentes; e, (ii) o livre comércio permite acesso à tecnologia incorporada nos bens, isto é, possui efeitos dinâmicos ao dar acesso a estoque de conhecimento tecnológico.

Ainda que esses "novos" teóricos do comércio internacional sejam menos dogmáticos a respeito dos custos do protecionismo, eles aceitam muitos dos postulados de seus predecessores (Taylor, 1988:84). Os primeiros não rebatem o argumento da vantagem comparativa como fonte de especialização. Ao contrário, eles a complementam de forma que o padrão de comércio continua sendo determinado pelas preferências, pelas tecnologias e pelos recursos dos países, mas também por razões como as economias de escala.

Desta maneira, apesar das imprecisões no modelo tradicional, os novos modelos do comércio internacional continuam acreditando nas benesses do livre comércio, ainda que em determinadas situações, para corrigir falhas de mercado, medidas protecionistas temporárias sejam justificadas.

---

[26] Krugman (1987) e Grossman e Helpman (1991).

Isto faz com que a melhor política para as imperfeições de mercado diagnosticáveis seja a atuação direta sobre elas, de forma a *corrigir as falhas de mercado*. As políticas comerciais só se justificam em situações nas quais essas falhas tenham sua origem no contexto internacional e, portanto, não sejam passíveis de tratamento mediante uma política nacional. Desta feita, "não há nada até agora na nova teoria que possa restabelecer a respeitabilidade intelectual da estratégia de substituição de importações. A industrialização com substituição de importações é vista de forma ainda pior na nova teoria que na teoria tradicional" (Krugman, 1988:58). Por essas palavras daquele que talvez seja o maior propagandista desta "nova" teoria, pode-se concluir que a proteção comercial não só é rejeitada enquanto estratégia de desenvolvimento, como ainda o é em grau mais elevado do que antes. A abertura comercial continua sendo a meta, embora eventuais imperfeições de mercado dêem espaço a políticas comerciais ativas, mas de caráter corretivo e até transitório.

Esta perspectiva revisionista de correção das imperfeições de mercado também pode ser encontrada nos trabalhos recentes da CEPAL, o que tem sido chamado por eles mesmos de reforma das reformas.[27] Segundo essa perspectiva, os países periféricos, em especial os da América Latina e do Caribe, não deveriam retroceder nas reformas neoliberais nem muito menos rechaçá-las. Muito pelo contrário, esses países deveriam tomar as reformas como um dado e, a partir delas, buscar os elementos de política que conseguissem aumentar o grau de eqüidade social.[28]

---

[27] A nomenclatura *reforming the reforms* para essa agenda pode ser encontrada em Ocampo (1999) e Ffrench-Davis (1999).

[28] Na CEPAL, o reformismo pelo lado macroeconômico converge com o reformismo pelo lado social expresso pela visão da "Transformación Productiva com Eqüidad". Veja-se para isto CEPAL (1990), CEPAL (1998) e Bielschowsky (2000).

Quanto ao desmantelamento da proteção e do controle governamentais frente às importações, o caráter reformista da agenda cepalina é nítido quando se afirma que:

> "Não se trata de que os países que têm posto em prática reformas profundas retrocedam no caminho já percorrido. A reversão das políticas já adotadas pode em si ter um custo muito alto, tornando *conveniente* a *manutenção* das políticas existentes, ainda que sejam subótimas" (Agosin e Ffrench-Davis, 1993:57 – itálicos não originais).

Do lado da liberalização financeira externa, o argumento cepalino é bastante parecido. Segundo Ocampo (1999), existiria um consenso sobre a globalização financeira reconhecendo que a liberalização da conta de capitais deve ser ordenada e cautelosa. Essa cautela seria justificada pela volatilidade dos fluxos de capital de curto prazo, volatilidade esta que deveria ser controlada por mecanismos de regulação e supervisão preventiva, assim como na proposta ortodoxa da terceira fase. A entrada de capital externo teria, portanto, um papel positivo, desde que se dirigisse para o financiamento do investimento produtivo.

Sinteticamente, não se trataria de reduzir o grau de liberalização financeira externa, embora eles reconheçam que o capital externo gera instabilidade nas taxas de câmbio, no grau de controle da oferta de crédito e da demanda agregada, no preço dos ativos, nos passivos externos e na vulnerabilidade futura a novos choques externos (CEPAL, 1998). Mas se trata de utilizar a política regulatória, até de controles de capital quando necessário, no sentido de incentivar os investimentos produtivos com capitais externos de longo prazo e de desincentivar a entrada de capitais de curto prazo com interesses meramente especulativos.

Esta argumentação se assenta na idéia do ciclo de endividamento virtuoso, segundo a qual existiriam três fases para que o financiamento externo do crescimento gerasse as divisas necessárias para saldar os compromissos assumidos inicialmente. Na primeira fase, em que a taxa de investimento do país é maior que a poupança interna disponível, o "gap" existente é financiado pelo capital externo. Nesse período inicial, a dívida externa cresce mais rápido que o PIB, porque os novos empréstimos são tomados para cobrir o déficit de poupança interna e o refinanciamento da dívida que por ventura for vencendo. No período seguinte, o crescimento econômico conseguido com o financiamento externo produz um excesso de poupança interna com respeito aos níveis de investimento, o que lhe permitirá pagar progressivamente os juros da dívida contraída. O saldo comercial, por sua vez, passa a ser positivo nesta segunda fase, ao contrário da primeira.[29] Isso possibilita que a taxa de crescimento da dívida decline gradualmente até se tornar inferior à taxa de crescimento do PIB e o estoque de dívida pare de crescer. Na última fase, o crescimento econômico e a expansão do excedente de poupança interna permitem que o país pague os juros da dívida e comece a amortizar o principal da mesma, até que ela se anule.

Esta idéia que embasa o pensamento cepalino só se sustenta se forem observadas três premissas. Inicialmente, a entrada de capital externo não pode financiar o consumo interno, mas deve dirigir-se para investimentos produtivos que permitam o crescimento econômico posterior. Em segundo lugar, e relacionado com o anterior, o capital externo não pode ser de curto prazo com interesses meramente especulativos para aproveitar-se de ganhos de arbitragem, mas deve ser direcionado para aplicações de longo prazo. Por último, o acréscimo de investimento produtivo deve

---

[29] Com déficit orçamentário nulo, a identidade básica macroeconômica garante que um excesso de investimento sobre poupança interna se traduza em déficits comerciais, no primeiro caso, e vice-versa no segundo.

traduzir-se em expansão de produção de bens transacionáveis no mercado externo, pois é a geração de saldos comerciais positivos que garantirá o pagamento do endividamento externo. Neste momento, é que aparece o papel da política comercial. Não se trata, como visto, de recuar nas reformas comerciais neoliberais, mas de tomá-las como ponto de partida. As políticas comerciais seletivas, segundo a agenda cepalina, estariam orientadas a superar as insuficiências dos mercados e a aproveitar as externalidades de forma a garantir que o acréscimo de capacidade produtiva fosse voltado para a promoção das exportações.

Em suma, a proposta cepalina não é de reversão das reformas, mas de gerenciamento e direcionamento dos efeitos da abertura comercial e da liberalização financeira externa de forma a canalizar o capital externo para atividades produtivas voltadas preferencialmente para as exportações, ao mesmo tempo em que se procura a eqüidade social, embora as políticas para tanto sejam muito mais de caráter compensatório que de reversão de estratégia de desenvolvimento propriamente dita.[30] A agenda cepalina de reforma das reformas parece significar muito mais um gerenciamento das "imperfeições" das reformas neoliberais do que uma concepção significativamente distinta de desenvolvimento. No passado, a CEPAL caminhava em sentido contrário do pensamento liberal-conservador-ortodoxo. Atualmente, a CEPAL acompanha o pensamento convencional, isso quando não vai a reboque do revisionismo, com seu modelo de reforma das reformas.

---

[30] Como se a desigualdade social e a concentração de renda já não fossem algo inerente ao modelo adotado, o que obviamente daria a políticas sociais compensatórias um caráter meramente concessivo. Para as propostas cepalinas na área social, ver CEPAL (1990) e CEPAL (1997).

III. A VISÃO CRÍTICO-CONJUNTURAL

De outra perspectiva, a visão crítico-conjuntural[31] parte da constatação de que os episódios de colapsos cambiais no Chile em 1982, no México em 1982 e 1994 e, pode-se acrescentar, no Brasil em 1999, apresentaram os seguintes fatores em comum: programas de redução da inflação e dos déficits públicos; apreciação real do câmbio; déficits externos em transações correntes; altas taxas reais de juros; abertura comercial; liberalização financeira; e abertura ao capital externo. A impressionante similaridade das experiências faz com que alguns autores constatem que "o fato de que tantos fatores ocorram em conjunto ajuda a explicar por que os *crashes* foram tão intensos e pareçam tão similares" (Dornbusch et al., 1995: 242).

Segundo esta argumentação, a resposta fundamental para o aparecimento das crises cambiais que levam as economias a fortes reduções em suas taxas de crescimento e ao endividamento externo está na proposta comum de estabilização com programas de regime de câmbio fixo ou quase-fixo. Em regimes de câmbio nominal fixo, por mais exitoso que seja o programa de estabilização, sempre resta certo resíduo inflacionário, o que tende a provocar uma apreciação real do câmbio. Em regimes de câmbio nominal quase-fixo, a manutenção de um resíduo inflacionário também traz problemas, uma vez que se esse resíduo superar as taxas de desvalorização nominal do câmbio que eventualmente forem programadas, também ocorrerá uma apreciação real do câmbio.

O fato é que essa apreciação real do câmbio levará a crônicos déficits na balança comercial que, em conjunto com os históricos

---

[31] Expressa em Dornbusch et al. (1995). O mesmo tipo de perspectiva, com algumas variações, pode ser encontrado em Delfim Netto (1998) e Castro (2000).

déficits na conta de serviços dos países em desenvolvimento, provocarão os saldos negativos em transações correntes. A necessidade de financiar esta conta com a atração de capitais externos faz com que as taxas de juros internas superem em demasia as taxas internacionais, o que por si só já define uma restrição ao crescimento. Assim, o endividamento externo necessário para financiar as contas externas acaba desdobrando-se em custo adicional no serviço da dívida interna por causa das elevadas taxas internas de juros, assim como tem também o seu estoque elevado, uma vez que, com regimes de câmbio não-flexível, a entrada de capitais precisa ser esterilizada. Esses problemas no balanço de pagamentos e a incapacidade do governo em saldar suas contas fazem com que se reduza a credibilidade externa em relação ao país em questão, provocando a fuga de capitais, as crises cambiais e seus impactos recessivos. Desta forma, o diagnóstico da visão crítico-conjuntural para a restrição externa ao crescimento e para o aparecimento de crises no balanço de pagamentos é todo ele baseado na sobrevalorização real do câmbio. Isto é claro, por exemplo, no seguinte trecho a respeito da economia brasileira:

> "Embora o excesso de valorização cambial tenha sido reduzido ao longo desses quatro anos (período pós-Real), a correção não foi suficiente para evitar as seguintes conseqüências, pela ordem: desestimulou as exportações e deu um forte estímulo às importações, produzindo um avantajado déficit nas transações de comércio exterior, o que inflou o déficit em conta corrente; esses déficits criaram a situação de constrangimento externo que exige a manutenção de altas taxas de juros que restringe o crescimento da economia..." (Delfim Netto, 1998: 105).

Deve-se salientar que não é a abertura externa em si que se critica, mas o fato de ela ser implementada sem os cuidados necessários com a taxa de câmbio. Daí a insistência de Delfim Netto (1998: 110 – itálico não original): "a sobrevalorização cambial não era necessária: *ela* foi responsável pela situação de constrangimento externo que foi crescendo até nos tornarmos reféns dos mercados financeiros internacional e nacional".

A constatação dos problemas de restrição externa apenas como uma distorção dos preços relativos expressos na taxa de câmbio leva esta abordagem a propor o aumento no ritmo das desvalorizações nominais. Dessa maneira, taxas de desvalorização nominal superiores às da inflação remanescente proporcionarão a depreciação real do câmbio, melhorando as contas externas e, em conseqüência, a credibilidade do país. O argumento convencional de que essa política seria inócua, pois o aumento nas desvalorizações seria contrabalançado por seus conseqüentes impactos inflacionários, não é válido. Isto porque esses regimes de câmbio nominal (quase) fixos tenderiam a produzir baixas taxas de crescimento e, por isso, grande capacidade ociosa (alto desemprego). Sendo assim, haveria espaço para as desvalorizações que, antes dos impactos inflacionários, poderiam aumentar o grau de utilização da capacidade produtiva (reduzir o desemprego) e melhorar as contas externas.

IV. HIPÓTESE DA FRAGILIDADE E DA VULNERABILIDADE EXTERNAS

Antes de iniciar a análise desta perspectiva, faz-se necessário analisar o impacto da desregulamentação e da liberalização financeiras, características das últimas décadas, sobre a autonomia de políticas econômicas nacionais.

1. Trilogia impossível e autonomia de política

De fato, a adoção de um regime de âncora cambial (seja ele fixo ou quase-fixo), em um contexto de liberalização financeira dos capitais internacionais, impossibilita a autonomia de política econômica das nações que implementam essas duas medidas. Dessa forma, liberalização financeira externa, âncora cambial e autonomia de política formariam uma trilogia impossível.[32] Como constatou Ocampo (1999: 75-80), dentro dessa trilogia podem ser combinados dois elementos entre si, o que definiria três cenários ou estratégias de política. O primeiro cenário seria definido por um regime de conversibilidade, no qual seriam preservadas a liberalização do fluxo de capitais externos e a âncora cambial, abrindo-se mão da autonomia de política econômica. Na segunda estratégia, seriam mantidas a liberalização financeira externa e a autonomia de política, renunciando-se à manutenção da âncora cambial, o que definiria um sistema de livre flutuação cambial. Essa última permitiria a não-endogeneização da oferta de moeda, que seria determinada autonomamente pelo governo, em função de seus objetivos. Por último, poder-se-ia optar pela autonomia de política com o fluxo de capitais externos e a taxa de câmbio administrados, embora esta última não fixa, o que só poderia ser obtido pela renúncia à liberalização financeira externa.[33]

Mais rigorosamente, a perda de autonomia de política econômica pode ser entendida a partir de dois componentes. O primeiro define-se pelos efeitos da desregulamentação financeira interna em um determinado país. O segundo, como visto acima, define-se a partir da liberalização financeira externa, levando à situação dada pela trilogia impossível. Inicia-se pela análise do primeiro componente.

---

[32] Rose (1994) chamou esta trilogia de "santíssima trindade".
[33] A passividade da política monetária em um cenário de perfeita mobilidade de capitais, com regime de câmbio fixo, é um resultado clássico do modelo Mundell-Fleming. O ponto a ser enfatizado é que essa passividade é decorrência não apenas de decisões quanto ao regime cambial, mas também quanto ao grau de abertura financeira, isto é, decorre de uma opção de inserção internacional.

a) Desregulamentação financeira interna e autonomia das autoridades monetárias

O processo de desregulamentação financeira iniciado nos EUA na década de 60 produziu um acirramento da concorrência bancária, obrigando os bancos[34] a implementar inovações financeiras como forma de sustentar estratégias mais ousadas na composição de seus ativos, através de uma política mais agressiva na captação de recursos. As inovações financeiras e, em específico, os novos produtos financeiros apresentam-se como formas que os bancos possuem para captar recursos, isto é, formas que os bancos têm de emitir obrigações contra si próprios (modalidades de passivo), o que lhes permite fornecer crédito fora da regulação da autoridade monetária.[35]

Por esta abordagem, os bancos não são instituições passivas que fazem a mera intermediação entre agentes superavitários, ofertantes de poupança, e agentes deficitários, demandantes de investimentos, e que, portanto, não podem criar novos depósitos. Segundo ela, os bancos criam depósitos por valores recebidos, por um lado, e cancelam depósitos em função de direitos exercidos contra ele próprio, por outro. A criação de depósitos pode se dar pelo depósito de recursos pelo público no banco, sendo que este abre um depósito contra o valor recebido (criação passiva), ou pela criação de depósitos "derivativos", a partir da ampliação de seus empréstimos (criação ativa de moeda bancária). Dada esta capacidade de criação de crédito, independentemente de depó-

---

[34] Prefere-se trabalhar neste ponto com o impacto da desregulamentação financeira sobre a estrutura de balanço dos bancos por mera simplificação. O mesmo poderia ser feito para instituições financeiras não-bancárias, respeitando suas especificidades.

[35] Esse tipo de abordagem pode ser encontrado em Paula (1999) e Carvalho (1998).

sitos prévios, o banco assume um comportamento maximizador procurando conciliar maiores retornos com sua preferência pela liquidez, que é proveniente da incerteza frente aos acontecimentos da dinâmica financeira.

Os bancos podem realizar um gerenciamento do lado do ativo, procurando a melhor composição do portfolio de aplicações.[36] Isso define uma política de administração do ativo dos bancos, dados seus passivos, em que a decisão do volume de depósitos é da própria firma bancária, embora sem a possibilidade de decisão em sua composição.

Quadro 1 – Estrutura de balanço de um banco
(administração do ativo)

Ativos	Passivo
Empréstimos de curto prazo	Depósitos à vista
Investimentos financeiros	
Empréstimos a clientes	

O quadro 1 mostra a estrutura de balanço de um determinado banco hipotético. Nesta, o passivo é dado pelos depósitos à vista e o ativo por empréstimos de curto prazo, caracterizados por uma pequena rentabilidade e alto grau de liquidez, pois podem ser negociados novamente no curto prazo sem perdas significativas, por investimentos financeiros (títulos públicos ou privados) com rentabilidade e grau de liquidez médios, e por adiantamentos a

---

[36] Esta primeira versão da abordagem da preferência pela liquidez dos bancos é encontrada em Keynes (1971, v.II, cap.25) e, portanto, restringe-se ao contexto, às instituições e aos produtos financeiros da época.

clientes (de mais longo prazo e não-comercializáveis), que têm pouca liquidez e alta rentabilidade. Sendo assim, o retorno do ativo é crescente dos empréstimos de curto prazo para os empréstimos a clientes, ao mesmo tempo em que se reduz a liquidez do ativo. O risco de iliquidez é compensado pelo retorno do ativo. Em equilíbrio, todos os ativos devem render a mesma taxa própria de juros, que é composta pelos rendimentos esperados do ativo, por seu grau (prêmio) de liquidez, por sua valorização esperada e por seu custo de manutenção. O critério de administração do ativo que é dado pela conciliação da dicotomia lucratividade-preferência pela liquidez depende do estado de confiança dos bancos frente aos acontecimentos. Uma maior incerteza implica em uma maior preferência pela liquidez e, portanto, na priorização de ativos com maior liquidez e menor retorno na composição do portfolio. Caso contrário, uma menor incerteza implica em posturas mais agressivas dos bancos em sua estrutura de balanço.

Essa versão de administração do ativo permite observar como se distribuem os recursos entre os ativos, conforme a escolha de balanços (lucratividade X preferência pela liquidez), mas não o volume de recursos e, portanto, o volume de depósitos à vista que é criado. Apesar dessa limitação, a escolha de balanço pelo enfoque da administração do ativo tem uma implicação importante. Os empréstimos de curto prazo e os investimentos financeiros pertencem à circulação financeira, enquanto que os empréstimos a clientes, em sua maior parte, dizem respeito à circulação industrial. Dessa forma, ao observar a distribuição das aplicações entre os dois tipos de circulação, é possível perceber os impactos sobre o lado real da economia (produto, renda e emprego) da criação de crédito.

Minsky (1986), por outro lado, observou que os bancos operavam administrando seus portfolios de aplicações (ativos), antes dos anos 60, mas, a partir dali, com o amplo processo de desregulamentação financeira, eles procuraram alterar suas estruturas de obrigações (passivos) e aumentaram seus graus de alavancagem (passivo total/patrimônio líquido). A administração do passivo[37] define-se pela diversificação deste através da criação de novos produtos e instrumentos financeiros que permitam aos bancos captar recursos além dos depósitos à vista, como pode ser visto no quadro 2.

Quadro 2 – Estrutura de balanço de um banco
(administração do passivo)

Ativos	Passivos
Empréstimos de curto prazo	Depósitos à vista
Investimentos financeiros	Depósitos a prazo
Empréstimos a clientes	Emissão de papéis

A administração do passivo é feita segundo o critério de expectativa quanto à exigibilidade do compromisso e o custo dessas obrigações, que é dado pela taxa de juros paga pelos bancos sobre seus passivos. Esta escolha dos bancos define o componente endógeno da oferta de moeda da economia, uma vez que os depósitos à vista constituem o passivo monetário, e os depósitos a prazo e os papéis emitidos (*commercial papers*, por exemplo) definem o passivo não-monetário dos bancos. Por conseguinte, a determinação pelos bancos da composição de seus passivos altera o montante de liquidez criado na economia.

---

[37] Na verdade, trata-se de administração de ativos, segundo o critério de conciliação da rentabilidade com a liquidez, e da administração dos passivos. A estratégia de balanço dos bancos se traduz na administração dos dois lados do balanço.

Além do maior spread entre a taxa de aplicação e a taxa de captação,[38] os bancos ainda podem aumentar sua lucratividade elevando o índice passivo total/patrimônio líquido, isto é, o grau de alavancagem, por intermédio das novas formas de tomar fundos emprestados, as inovações financeiras.[39]

As inovações financeiras influem tanto sobre o montante quanto sobre o perfil dos recursos captados, o que permite aos bancos contornar as restrições/regulações impostas pelas autoridades monetárias sobre as reservas bancárias. O controle que a autoridade monetária passa a ter, portanto, é indireto sobre o volume (reservas compulsórias) e sobre o preço do crédito bancário (taxas de juros), pois depende das respostas e da criatividade do sistema bancário. A política monetária tem diminuída, assim, sua capacidade de atuação/regulação na economia com o processo de desregulamentação. Vale salientar ainda que a liberalização financeira externa pode permitir aos bancos tanto emitir obrigações como fornecer crédito em moeda estrangeira, fazendo com que a escolha de balanços seja influenciada pelas variações nas taxas de câmbio, mas também, e o que é mais importante, suas posturas financeiras influenciem o preço relativo entre a moeda doméstica e a estrangeira.

Desta maneira, dado o comportamento maximizador dos bancos, o que lhes obriga a tomar posturas mais agressivas na escolha de seus balanços, através das inovações financeiras, a

---

[38] Levando em consideração a escolha de balanços feita pelos bancos, é possível definir a lucratividade deles, conforme Minsky (1986: 237), da seguinte forma: $\prod = [(r_a - r_p).V] + R_t - C_a$, onde r_a = taxa média recebida de seus ativos, r_p = taxa média paga nas obrigações, V = volume total de operações, R_t = receitas com tarifas, e C_a = custos administrativos.

[39] "Um banqueiro está sempre tentando encontrar novas formas de empréstimo, novos clientes, e novas formas de obtenção de fundos, isto é, de tomar emprestado; em outras palavras, ele está sob pressão para inovar" (Minsky, 1986: 237).

desregulamentação e a liberalização financeiras reduzem a capacidade que as autoridades monetárias têm para controlar a liquidez na economia. As inovações e a internacionalização reduziram a operacionalidade de alguns instrumentos de controle monetário, como as reservas compulsórias e as taxas de redesconto. Restou às autoridades monetárias a utilização de títulos públicos como instrumento de controle de liquidez dos mercados monetários (Miranda, 1997: 262). Entretanto, estes títulos públicos ainda sofrem a concorrência dos novos instrumentos de curto prazo, como os títulos privados.

b) Liberalização financeira externa e autonomia de política

No que diz respeito à perda de autonomia por causa da liberalização financeira externa, volta-se à discussão proposta na trilogia impossível. Se a autonomia de política econômica nacional é impossível em um ambiente de liberalização externa com um regime de câmbio fixo (ou quase-fixo), restariam duas alternativas para o país que quiser preservar a primeira: ou é abolido o regime de âncora cambial (proposta da visão crítico-conjuntural) ou, então, adicionalmente é reduzido o grau de abertura financeira e comercial, proposta da hipótese de fragilidade e vulnerabilidade externas. Segundo esta última perspectiva, a aceitação da segunda alternativa deve pressupor a primeira,[40] como será visto adiante, mas o contrário não é verdadeiro, como o comprova o posicionamento da visão crítico-conjuntural.

---

[40] "Como impedir que essa preocupação com a taxa de câmbio comprometa a autonomia de política monetária? A solução, em meu entender, é combinar a flutuação com restrições às transações financeiras externas, isto é, com controles seletivos sobre a movimentação de capitais" (Batista Jr., 2000: 359).

Os processos de desregulamentação financeira e de liberalização dos fluxos de capital fazem com que as políticas de juros tenham de responder de imediato às alterações nas taxas de juros de longo prazo e, principalmente, nas taxas de câmbio. Isso ocorre porque esses processos criam uma interação entre os mercados (monetário, cambial e de títulos) e os bancos centrais, de forma que as oscilações nas taxas de juros de longo prazo e nas taxas de câmbio, decorrentes de modificações nas expectativas dos agentes quanto à vulnerabilidade externa das economias, tornam a política econômica de uma nação dependente da dinâmica financeira dos capitais internacionais e das políticas econômicas das outras nações, principalmente das centrais.[41]

Se em outras épocas os movimentos de capitais regulavam os desequilíbrios comerciais e em conta corrente dos países, a desregulamentação financeira e a liberalização externa proporcionaram aos capitais internacionais a possibilidade – que acaba se transformando em necessidade – de circularem entre os países, independentemente de seus motivos originais. Entende-se que a entrada ou a saída de capitais externos dependem do diferencial entre as taxas de juros domésticas e as internacionais, da variação esperada nos preços dos ativos financeiros e da (des)valorização esperada das moedas. O que ocorre é que a própria movimentação de capitais, frente a alterações nas expectativas de ganhos de curto prazo (ligados ao risco e à incerteza das operações), tende a gerar flutuações extremas nas próprias taxas de câmbio e/ou nos preços dos ativos financeiros. Assim, aquilo que era esperado que

---

[41] "A abertura financeira tem efeitos significativos sobre os preços dos ativos nacionais, sobre as taxas de juros e sobre a taxa de câmbio, já que aumenta o grau de substituição entre os fundos de origem nacional e os estrangeiros para os tomadores de empréstimo e, o que é mais importante, dos ativos nacionais e em moeda estrangeira para os fornecedores de crédito" (Akyüz, 1991a: 296-297).

ocorresse termina verificando-se pelas próprias transações movidas pelas modificações de expectativas. A circulação dos capitais ganha um caráter predominantemente especulativo e as políticas nacionais perdem autonomia, na medida em que a circulação de capitais depende dos ganhos de curto prazo e, em conseqüência, coloca limites no manejo das taxas de juros domésticas, gerando flutuações extremas nas taxas de câmbio e nos preços dos ativos financeiros. Tudo isso graças aos decantados processos de desregulamentação financeira e de liberalização externa.

Se isso vale de forma geral, é ainda mais pronunciado para os países periféricos altamente endividados e que foram forçados a implementar políticas de estabilização sustentadas em regimes de câmbio fixo ou quase-fixo; países que se vêem recorrentemente com problemas de financiamento externo, o que define uma restrição externa ao crescimento. Para esses países, a liberalização financeira externa, em conjunto com políticas de estabilização com âncora cambial, resultou em sobrevalorizações do câmbio real que, por sua vez, redundaram em recorrentes déficits em transações correntes, provocando problemas de credibilidade e liquidez. Estes só poderiam ser enfrentados pelo aumento da atratividade para os capitais externos, mediante a elevação das taxas de juros domésticas, o que, em um segundo momento, agrava os problemas de vulnerabilidade externa.

Os problemas de financiamento externo costumam ser tratados como mera captação de poupança externa. Entretanto, conforme já advertia Kalecki (1987), as formas assumidas por esse capital externo são de suma importância para definir a dinâmica dessa restrição externa.

As subvenções ou doações, por exemplo, constituem a melhor forma de ajuda externa do ponto de vista econômico, mas geralmente trazem consigo ingerência política, o que por definição é uma limitação na autonomia de política nacional. Por outro lado, os créditos costumam ser divididos em empréstimos de curto prazo e de longo prazo, e estes últimos avaliados como de melhor qualidade. Não esquecendo da fronteira extremamente arbitrária na discriminação entre os dois tipos de capital, principalmente com o desenvolvimento dos produtos derivativos e dos mercados secundários, existem duas questões importantes a serem observadas. Em primeiro lugar, esses créditos envolvem o custo do serviço da dívida que depende do período de carência, do prazo de pagamento e das taxas de juros. Em países com problemas de vulnerabilidade externa e, portanto, de credibilidade, os refinanciamentos das dívidas externas são feitos geralmente com menores prazos de pagamento e com maiores taxas de juros. Em segundo lugar, as formas de pagamento podem ser em moeda forte (conversível), que depende do desempenho comercial do país em questão, em moeda local (não-conversível), ou em bens. Normalmente, a forma que predomina é a primeira, o que, em situações de sobrevalorização cambial, compromete sobremaneira o pagamento.

Por último, o investimento direto estrangeiro (IDE) é apresentado como o melhor tipo de capital externo, não só porque se trata de investimento de longo prazo, mas também porque implicaria em acréscimo de capacidade produtiva das economias. Apesar do discurso oficial, constata-se que o IDE, em específico para a América Latina, foi feito geralmente para aquisição de estatais, nos amplos programas de privatização, e em processos de fusões e aquisições. Tanto um quanto o outro, em si, não representam acréscimo algum de capacidade produtiva, apenas transferência patrimonial. Além disso, as inovações financeiras também contribuíram para eliminar o caráter de longo prazo deste investimento; e apesar do IDE não se traduzir em fluxos (saídas) de juros, é aplicado na expectativa de obtenção de lucros e, principalmente, na possibilidade de sua repatriação, o que recoloca o problema para as contas externas mais adiante.

Sendo assim, a exaltação do capital externo como a solução para os problemas do financiamento externo omite o fato de que esse capital costuma transferir esses problemas para o futuro, em maiores proporções.

Ressalte-se que a perda de autonomia das políticas nacionais, embora seja uma conseqüência da internacionalização financeira, também está ligada a uma opção nacional. Esta se define pela implementação de políticas de estabilização econômica baseada na liberalização dos mercados, seja pelo estabelecimento de metas monetárias, o que eleva a volatilidade nos mercados monetários e cambial (Kregel, 1996:43), seja pelo estabelecimento de câmbios (quase) fixos, que engessam a política monetária e restringem a política fiscal. Além do mais, os países receptores de capitais dispõem de certo espaço para definir suas políticas nacionais com relação ao grau de abertura externa.

Em um contexto de elevados diferenciais de taxas de juros como forma de incentivar entrada de capitais externos, a política fiscal também tem seu grau de autonomia reduzido. Plihon (1999), por exemplo, mostra a clássica condição para a estabilidade da dívida pública, segundo a qual é preciso obter superavits primários quando a taxa de juros real for superior à taxa de crescimento real da economia, o que restringe a utilização da política fiscal como instrumento de promoção da atividade econômica interna.

Em suma, o que se observa é que a autonomia de políticas nacionais, tanto a monetária quanto a fiscal, depende da escolha do regime cambial implementado em um contexto de internacionalização financeira, mas está muito mais ligada ao grau de abertura externa desejado e adotado pelas economias e, principalmente, por aquelas que sofrem problemas de vulnerabilidade externa.

Sendo assim, a renúncia a um regime de câmbio fixo aumenta os graus de liberdade da política econômica, mas não parece resolver a perda de sua autonomia que, sem a redução do grau de abertura externa,[42] se vê atada ao livre fluxo especulativo dos capitais.

2. Fragilidade financeira interna

O problema da autonomia de política econômica é levado em conta pela perspectiva da hipótese da fragilidade financeira. Esta hipótese pode ser desdobrada em duas. A primeira é a da fragilidade financeira interna. Kregel (1998), a partir da idéia original de Minsky (1975, 1982 e 1986), procurou aplicar a hipótese para a crise asiática de 1997.

Como a proposta de Minsky é desenvolver o argumento keynesiano dentro de uma perspectiva cíclica, enfatizando o papel que a estrutura de obrigações tem na tomada de decisão dos agentes quanto à composição do portfolio, o financiamento do investimento, que é a variável que fornece a instabilidade à economia capitalista, torna-se o elemento teórico mais importante de seu trabalho.

O financiamento do investimento pode-se dar de duas formas. Ou ele é feito através de recursos próprios ou então mediante a tomada de empréstimos (demanda por crédito). Esta última

---

[42] Recuperação da autonomia de política econômica sem redução da liberalização financeira tampouco é vista como alternativa viável por autores como Diaz-Alejandro (1985: 5) e Felix (1994: 568).

alternativa implica na decisão sobre as condições de empréstimo que serão assumidas, sejam os prazos de pagamento, as taxas de juros, ou períodos de carência. Sendo assim, as posturas ou as estratégias financeiras dos agentes implicam não apenas na decisão do investimento, mas também na escolha de balanços.

Existem dois critérios para classificar as posturas financeiras. Os critérios são as condições de liquidez, referente ao descompasso dos compromissos e recursos, e de solvência, que diz respeito à viabilidade do plano de investimento. Há três tipos de postura: *hedge*, especulativa e Ponzi.

O primeiro tipo de postura é a *hedge*, que se define pelo fato das entradas monetárias provenientes dos retornos esperados do investimento serem superiores às saídas para pagamentos das dívidas, em todos os períodos. Isso significa que o fluxo esperado de receitas é maior do que as obrigações de dívida, em qualquer período considerado. Esta última é a condição de liquidez para a postura *hedge* e significa que o agente *hedger* não precisa recorrer ao mercado financeiro para financiar seus débitos, desde que as receitas esperadas realmente atinjam o montante mínimo necessário para tanto. Obviamente, quanto ao critério de solvência, estabelece-se como condição inicial para o financiamento que o valor presente dos ativos seja superior ao valor presente dos passivos.[43] O crucial na postura *hedge*, entretanto, não é que o agente não se endivide, mas apenas que ele possui condições de pagar a dívida, sem ter de recorrer a novos financiamentos.

---

[43] O valor presente dos ativos pode ser medido através do valor histórico, que é dado pela atualização dos fluxos de rendimentos esperados, ou do valor de liquidação, dado pelo preço de mercado dos ativos no instante de sua liquidação. Como este pode ser bastante diminuído quando um grande lote de ativos é posto à venda, os dois valores costumam diferir.

O segundo tipo é a postura especulativa. Não é a condição de solvência que a define, uma vez que o agente especulador também espera que o valor presente de suas receitas supere o de suas obrigações, esperança essa que é compartilhada pelo agente financiador. O que caracteriza essa postura é a violação da condição de liquidez de forma que os pagamentos de dívida superam as receitas esperadas em alguns períodos, geralmente iniciais, o que obriga o agente a refinanciar seu débito. O caráter especulativo desse agente define-se por sua crença na *rolagem* da dívida pelo mercado financeiro, o que pode transformá-lo de ilíquido em insolvente. De fato, se o horizonte de tempo em que se efetuam os rendimentos dos ativos for muito superior àquele em que devem ser pagas as obrigações, o valor presente dos ativos torna-se inferior ao dos passivos.

Quando a rolagem da dívida passa a se dar não apenas sobre o principal da dívida, mas também sobre os juros a pagar, de forma que o total da dívida cresça, a postura financeira passa a ser Ponzi.[44] A unidade Ponzi é também especulativa, só que com o adendo de que o fluxo de receitas dos primeiros períodos é inferior ao pagamento dos juros de dívida dos mesmos períodos. Embora o critério de solvência possa ser mantido, no sentido de que o agente realmente espera que o seu investimento seja solvente,[45] a condição de liquidez, já violada pelo agente

---

[44] O termo Ponzi tem origem nas atividades especulativas de Charles Ponzi, erigidas sob dívidas crescentes dentro do *boom* imobiliário que ocorreu na Flórida na década de 20 do século passado. Tratava-se de verdadeiras "pirâmides" financeiras sustentadas apenas enquanto novas entradas cobriam as saídas de caixa.

[45] Se o critério de solvência é mantido por todos os tipos de posturas, o que realmente ele discrimina? Apesar dos dois critérios serem utilizados, o critério de liquidez possui um caráter discriminatório maior e, portanto, mais útil na tipologia das posturas financeiras. O que o critério de solvência permite perceber é a (in)viabilidade dos investimentos, seja pelo (des)compasso temporal entre ativos e passivos seja por uma baixa (alta) das taxas de juros.

especulador, é mais do que quebrada. O caráter excessivamente especulativo do agente Ponzi é dado por sua crença de que tanto o principal da dívida como o serviço desta serão refinanciados pelo mercado financeiro.

As unidades especulativa e Ponzi são mais vulneráveis ao que se passa nos mercados financeiros no sentido de que uma elevação das taxas de juros coloca em risco suas condições de solvência, o que as obriga a se refinanciar. Se isso for feito como novo empréstimo, crescerão o principal e o serviço da dívida. Se, alternativamente, o refinanciamento assumir a forma de venda de ativos, o preço desses tende a cair, o que obrigará outras unidades a recorrer ao refinanciamento. Esse processo cumulativo amplia uma perturbação do funcionamento do sistema ao invés de resolvê-lo. Além do mais, "as unidades que são de início financeiramente 'hedge' podem transformar-se em unidades financeiramente especulativas e até mesmo Ponzi à medida que suas receitas se deteriorem, e deste modo ampliam as perturbações iniciais" (Minsky, 1992:26). Isso ocorreria, por exemplo, porque a elevação das taxas de juros diminui a demanda agregada e, em conseqüência, as receitas esperadas.

Em suma, a fragilidade financeira é tanto maior quanto mais elevada for a participação de unidades especulativas e Ponzi, frente às de financiamento *hedge*. Essa fragilidade financeira significa uma maior suscetibilidade da estrutura financeira a crises, uma vez que a primeira provoca a instabilidade financeira potencial.

As posturas financeiras são utilizadas por Minsky para explicar o ciclo econômico. Para Minsky, esse ciclo é financeiro, no sentido de que a fragilidade financeira, que é endógena à economia capitalista, é o que define o caráter cíclico desta. Uma outra característica importante do ciclo em Minsky é o fato da reversão cíclica ser uma questão de probabilidade. O aumento da fragilidade financeira leva à elevação da probabilidade de choques externos afetarem a estrutura financeira, mas os pontos de reversão não são endógenos. A perspectiva da fragilidade explica o desequilíbrio acumulativo, mas não a reversão em si.

Tomando como ponto de partida a economia no limite último da depressão, tem-se que as unidades especulativas e Ponzi já faliram e que o processo de declínio cumulativo da economia já se esgotou, uma vez que as unidades *hedge* que poderiam sobreviver já o fizeram. Os bancos sobreviventes, por sua vez, apresentam uma liquidez razoavelmente alta e possuem uma preferência pela liquidez também elevada. Os reflexos dessa situação para o lado real da economia são o baixo grau de utilização da capacidade produtiva e as altas taxas de desemprego.

A fase de recuperação é iniciada a partir da reversão das expectativas, quando o sucesso inicial dos primeiros *hedgers* e dos agentes que se autofinanciam faz com que a preferência pela liquidez comece a cair. A volta dos *hedgers* ao mercado financeiro se dá quando eles percebem uma relativa solidez de seus mercados, já que eles sobreviveram à recessão. Os bancos, por outro lado, diminuem sua preferência pela liquidez e retomam o fornecimento de empréstimos, inicialmente apenas para os *hedgers*. Essa fase cresce gradualmente na medida em que as expectativas dos bancos começam a melhorar quando os empréstimos, feitos inicialmente para os *hedgers*, vão sendo saldados. A busca por maior lucratividade obriga os bancos a aumentar a oferta de crédito (financiamento), expandindo este para posições mais especulativas.

Com a abertura de novas possibilidades de investimento e, portanto, de financiamento deste, o que é possível graças à validação das estruturas financeiras, obtida pela elevação dos lucros que saldam as dívidas (Minsky, 1992, VI), atinge-se a prosperidade. Nesta, o índice de fragilidade financeira é elevado, por causa da crescente participação de unidades especulativas e Ponzi, mas ela só acabará se algo alterar as condições de financiamento. Isto, para Minsky, ocorre quando a oferta de crédito se detém. Em primeiro lugar, a razão disso pode ser a política monetária anticíclica da autoridade monetária. Períodos de prosperidade podem indicar pressões inflacionárias, e as autoridades monetárias tendem a implementar políticas monetárias restritivas, o que eleva a taxa de juros. Essa elevação leva ao aumento das dívidas financeiras e, conseqüentemente, ao crescimento da fragilidade financeira. Por outro lado, altas taxas de juros significam redução de demanda agregada e da expectativa dos retornos dos investimentos. O aumento da exposição dos empréstimos dos bancos reduz suas margens de segurança, o que tende a elevar as preferências pela liquidez dos mesmos, podendo constituir-se em um segundo fator de redução do crédito. Por último, o fim da prosperidade pode ocorrer por um choque exógeno (não sistêmico) qualquer, quando o grau de fragilidade financeira é alto.

A reversão da prosperidade pode-se desdobrar em uma mera crise financeira ou em uma nova depressão econômica. Com a crise financeira, os tomadores de crédito procuram vender seus ativos para saldar as dívidas, uma vez que a preferência pela liquidez dos bancos aumentou. Isso provoca uma pressão vendedora no mercado de ativos que leva à redução de seus preços, isto é, à elevação das taxas de juros, reduzindo a demanda agregada e piorando a crise financeira. Esse processo de "deflação de débitos" leva à transformação da crise financeira em uma depressão. Isto só não ocorre se a autoridade monetária fornecer a liquidez necessária para comprar o excesso de oferta de ativos. O mercado financeiro por si só, sem a atuação da autoridade monetária como emprestadora de última instância, tende a provocar o ciclo econômico por causa da fragilidade financeira que ele mesmo cria.

A partir dessa perspectiva, Kregel (1998) procurou explicar como a crise financeira asiática de 1997 pode desdobrar-se em recessão econômica.[46] A fragilidade financeira de uma economia cresceria na medida em que os agentes tomassem posturas financeiras cada vez mais especulativas e os bancos centrais não fornecessem a liquidez necessária para saldar as operações, o que elevaria as taxas de juros, reduzindo a demanda agregada e aumentando o custo financeiro, isto é, potencializando a fragilidade financeira inicial e levando ao processo de deflação de débitos. Em adição a isso, se for permitido às firmas tomar empréstimos em moeda estrangeira, qualquer desvalorização cambial também eleva a fragilidade financeira da economia. O processo ainda é agravado por situações em que a necessidade (ou opção) de manter a estabilidade nominal do câmbio faz com que as taxas de juros internas se elevem em relação às internacionais, como forma de atrair capitais. O que ocorre nessa situação é o incremento da fragilidade financeira por causa da elevação das obrigações em função dos juros altos.

Essa situação produziria uma armadilha financeiro-cambial para a política econômica. Se a autoridade monetária funciona como emprestadora de última instância e reduz as taxas de juros, ao fornecer a liquidez necessária durante a prosperidade, ocorrerá uma saída de capitais, o que levará à desvalorização cambial e ao conseqüente crescimento da fragilidade e da instabilidade financeiras. Por outro lado, se as taxas de juros forem elevadas para garantir a estabilidade cambial, também se produziria o acréscimo da fragilidade e da instabilidade, só que agora pelo decréscimo da demanda agregada e, portanto,

---

[46] As bases teóricas para essa interpretação já podiam ser encontradas em Kregel (1993).

das receitas esperadas dos investimentos e principalmente pelo alto custo financeiro.

A situação seria pior para os países em desenvolvimento, tendo em vista que, nos últimos tempos, eles vêm apresentando baixas taxas de crescimento em conjunto com saldos negativos nas contas externas (UNCTAD, 1999). Estes últimos teriam sido provocados pela redução nos termos de troca, o que diminui o poder de compra das exportações, e pela veloz liberalização financeira e comercial. O principal problema da liberalização comercial, segundo este enfoque, é que ela não se deu em um contexto de negociações multilaterais, mas acoplada a programas de estabilização e reformas.

Sendo assim, segundo a hipótese da fragilidade financeira interna, o problema todo para os países em desenvolvimento estaria na transformação da fragilidade financeira em instabilidade. Essa transformação teria duas origens: a tendência natural dos mercados a incrementar a fragilidade financeira (processo do tipo Minsky) e os choques externos, definidos pela necessidade de elevar as taxas de juros ou pela desvalorização cambial (Kregel, 1998). Desta maneira, o diagnóstico oficial de que as crises tanto as financeiras como as de balanço de pagamentos seriam originadas por empréstimos excessivos da autoridade monetária e por problemas de informações assimétricas, presente na perspectiva de órgãos como o FMI, não faria sentido. Muito menos ainda a proposta de política ortodoxa de elevar os juros internos para estabilizar o câmbio, pelas razões expostas. Ao contrário, para combater essa situação, as propostas de política seriam a atuação da autoridade monetária como provedora de liquidez, quando necessário, e o estabelecimento de restrições ao endividamento em moeda estrangeira.

Três ressalvas podem ser feitas a essa perspectiva. Inicialmente, no que se refere à teoria de Minsky, sua pretensão de explicar o ciclo através da fragilidade financeira endógena ao sistema esbarra em sua incapacidade de endogeneizar as causas da reversão cíclica. O ciclo em Minsky só ocorre porque a autoridade monetária não se prontifica a sancionar o aumento da demanda por crédito na fase de prosperidade, e no momento em que a preferência pela liquidez dos bancos aumenta, o que eleva as taxas de juros e inicia o processo de recessão econômica. Mas esse fato não é decorrente em si dos efeitos da prosperidade e da fragilidade financeira, não podendo, portanto, ser tratado como endógeno. Em segundo lugar, os problemas nas contas externas não parecem ser fruto apenas da velocidade com que foram implementadas as liberalizações financeira e comercial, mas muito mais como decorrência da própria natureza dessas liberalizações. Por último, acreditar que o problema da abertura comercial reside no fato de sua implementação não ser multilateral significa crer que, se ela fosse implementada por todos, valeriam todas as conclusões do modelo H-O-S, ou seja, se deixados funcionar livremente, os mercados garantiriam não só a melhor alocação dos recursos, mas melhores perspectivas para o crescimento econômico. Incontestavelmente, a implementação da abertura comercial de modo unilateral, principalmente pelos países em desenvolvimento, tende a agravar a situação destes, mas essa constatação não invalida a ressalva feita.

Apesar disso, deve-se reconhecer o avanço nas propostas de políticas para o desenvolvimento como feitas, por exemplo, em UNCTAD (1999). Ali, além da reforma sistêmica que reduza a assimetria no sistema internacional, propõe-se a estratégia de promoção de exportações, mas com redução dos gastos em importações, sobretudo com limitações à liberalização comercial, e a regulação dos fluxos de capital externo.

3. Fragilidade e vulnerabilidade externas

A hipótese da fragilidade financeira, ao invés de um desdobramento de posturas de financiamento dos passivos de agentes específicos, pode ser entendida levando-se em conta a capacidade de pagamento dos compromissos de uma economia específica, isto é, a possibilidade de obtenção de receitas[47] que permitam a um determinado país pagar os seus haveres externos.

A partir disso, é possível definir a fragilidade financeira externa de uma economia a partir da dependência extrema que ela tem em relação aos capitais externos em um mundo de forte instabilidade do sistema financeiro. Por outro lado, a vulnerabilidade externa de uma economia seria dada pela baixa capacidade de resistência dessa economia nacional (ou regional) frente a choques externos decorrentes, inclusive, da própria fragilidade externa dessa economia. A vulnerabilidade externa possui duas dimensões, uma relacionada às opções de resposta que essa economia pode ter com seus instrumentos de política, e outra ligada aos custos do enfrentamento (ajuste) em virtude dos choques externos.[48] Quanto maior a primeira dimensão e menor a segunda, menor será também o grau de vulnerabilidade externa dessa economia.

Pode-se perceber que fragilidade financeira e vulnerabilidade externas são conceitos interligados. A fragilidade financeira externa é dada pela dependência frente aos capitais externos, em um contexto em que estes se deslocam entre os distintos mercados nacionais, de acordo com sua lógica especulativa. Por-

---

[47] Em países em desenvolvimento, essas receitas são geralmente provenientes de saldos na balança comercial, uma vez que, por não serem exportadores líquidos de capital, costumam apresentar saldos negativos também na conta de serviços.

[48] Gonçalves et al. (1998: 157).

tanto, a fragilidade financeira é fruto de uma opção de política nacional que adota uma estratégia de desenvolvimento calcada na liberalização financeira externa, em complemento à abertura comercial, conforme o receituário e os preceitos da visão ortodoxa. A vulnerabilidade externa, por seu turno, é muito mais uma conseqüência dessa opção de política, já que ela é dada pelo grau (capacidade) que uma determinada economia tem de responder aos choques externos, isto é, a mudanças abruptas na direção do fluxo de capitais externos. Em termos sucintos, pode-se afirmar que a vulnerabilidade externa é uma conseqüência da fragilidade financeira externa, uma vez que esta provém de uma opção de política pela abertura externa, dado o contexto de instabilidade do mercado financeiro internacional e a natureza dependente das economias periféricas, enquanto que a primeira denota a baixa resistência da economia a uma forte saída de capitais externos, por exemplo.

A relação estreita entre esses dois conceitos, entretanto, não permite tratá-los como sinônimos. Paula e Alves (1999), por exemplo, partem de um conceito de fragilidade financeira como sendo a incapacidade de uma economia enfrentar choques nas condições de financiamento, sem que haja uma desarticulação generalizada dos fluxos de pagamentos de uma determinada economia. Dessa forma, o conceito de fragilidade financeira em economias abertas deve incluir a observação da taxa de câmbio, não só corrente, mas o comportamento de seu valor nos mercados futuros, o que de certa forma era a proposta de Kregel (1998). Sendo assim, a fragilidade financeira externa de uma economia seria dada pelo grau de vulnerabilidade de uma economia às mudanças nas condições de financiamento oriundas de alterações nas taxas externas de juros ou na taxa de câmbio (Paula e Alves, 1999: 78).

Este tratamento indiferenciado dos dois conceitos[49] leva à redução das duas dimensões (fragilidade e vulnerabilidade) do problema fundamental das contas externas de uma economia a apenas um (capacidade de honrar compromissos financeiros). Antes de ser um mero detalhe de preciosismo conceitual, a diferenciação dessas duas dimensões é crucial para entender que a fragilidade financeira externa (acréscimo na dependência de capital externo em contexto de instabilidade do sistema financeiro internacional) é resultado de uma opção nacional (ou regional) de política pela liberalização externa, por mais que essa opção seja imposta institucional e ideologicamente, enquanto que a elevação da vulnerabilidade (redução da capacidade de resistência a choques externos) nada mais é do que uma conseqüência dessa opção.

O importante é que a perspectiva da fragilidade financeira e da vulnerabilidade externas percebe que a redução da autonomia de política nacional não está tão ligada à escolha de regime cambial, mas à opção de liberalização financeira externa e abertura comercial, como descrito anteriormente.[50] Assim, a liberalização financeira externa e a abertura comercial provocariam uma elevação do *grau* de fragilidade externa e, por conseqüência, da vulnerabilidade também. Isto originaria dois efeitos.

Em primeiro lugar, produziriam um regime de baixas taxas

---

[49] Pryor e Sulcove (1995: 529) fazem algo similar, quando afirmam que "...fragilidade financeira indica a vulnerabilidade de um sistema à volatilidade e a outros tipos de instabilidade financeira", embora eles reconheçam que a discussão sobre a fragilidade seja normalmente feita em termos microeconômicos (posturas financeiras), enquanto que a análise de seus efeitos – no caso específico, a vulnerabilidade – deva ser macroeconômica.

[50] "A alegação de que a mera flutuação cambial já constitui proteção suficiente não tem fundamento. Em momentos de turbulência interna e externa, a ausência de controles resultaria em pressões cambiais maiores e mais difíceis de administrar" (Batista Jr., 2000: 368).

de crescimento em função da restrição externa ao crescimento e da necessidade de manutenção de altas taxas de juros internas como forma de atrair os capitais externos. Essa restrição externa é dada pelos problemas no balanço de pagamentos originados dos déficits crônicos em conta corrente que necessitam de financiamento, ao mesmo tempo em que o passivo externo da economia vai aumentando. De fato, esse financiamento implica na elevação da dívida e do passivo externos o que, em um segundo momento, leva a maiores pagamentos do serviço da dívida e repatriamento de lucros e dividendos do capital externo que ingressou. Como afirmam Medeiros e Serrano (1999: 141-142), "dessa forma amplia-se ainda mais o descompasso entre a enorme massa de passivos em moeda estrangeira e as reais possibilidades de crescimento da capacidade de pagamento do serviço gerado por esses passivos, que inevitavelmente requer a rápida expansão do valor em dólar das exportações".

Em segundo lugar, a liberalização financeira externa e a abertura comercial aumentariam a possibilidade de ocorrência de crises financeiras e/ou cambiais. Essas crises seriam provocadas pela reversão das expectativas (credibilidade) por causa justamente do aumento da vulnerabilidade externa da economia. Esta última seria sinalizada pela valorização cambial e pelos crescentes déficits externo e público (Gonçalves, 1999a). Até aqui, a explicação das crises cambiais e/ou financeiras não segue muito além daquela proposta pela visão crítico-conjuntural. Contudo, esta última limita-se a constatar a sobrevalorização cambial e, portanto, sua proposta de política resume-se a corrigir este desajuste conjuntural. Já a hipótese da fragilidade e da vulnerabilidade externas percebe a crônica vulnerabilidade das economias como fruto dos processos de liberalização cambial, financeira e comercial, sendo, portanto, estas as causas básicas dessas crises.

A reversão das expectativas que leva à fuga de capitais externos e até daqueles de propriedade de residentes, uma vez que a liberalização financeira possibilita também o acesso a ativos externos por parte de residentes, não é um elemento exógeno ou auto-referenciado. Ao contrário, "a *vulnerabilidade* de países receptores, com elevados déficits em conta corrente e taxas de câmbio atrasadas, torna-se crescente perante credores externos que, dada a elevada exposição ou montante de ativos financeiros que têm na região (América Latina), reagem com maior sensibilidade diante de qualquer 'má notícia'" (Ffrench-Davis, 1997: 27 – o itálico não é original).

A instabilidade do sistema financeiro internacional que intensifica a fragilidade financeira externa influi negativamente sobre o crescimento e o desenvolvimento (Akyüz, 1991b: 285), tendo em vista seus efeitos sobre a restrição externa (déficits em transações correntes e endividamento externo) e o componente investimento da demanda agregada (altas taxas de juros). Além disso, a liberalização financeira externa, em conjunto com a abertura comercial, "pode dar lugar a uma importante redistribuição de rendas e de riqueza" (Akyüz, 1991a: 290), na medida em que o incremento das taxas reais de juros costuma vir acompanhado de reduções dos salários reais. Este último efeito origina-se da necessidade de manter custos de produção domésticos competitivos internacionalmente, dadas as defasagens cambiais, e/ou da implementação de reformas neoliberais no mercado de trabalho, como forma de "flexibilizar" a legislação e as relações trabalhistas.

Segundo esta abordagem, a estratégia de abertura externa, composta pela abertura comercial e pela liberalização financeira externa, seria a responsável pela restrição externa ao crescimento e pelas crises de balanço de pagamentos, resultado agravado pela utilização de âncoras cambiais nos programas de estabilização. Em síntese, "a liberalização comercial e financeira proposta a todos e aceita com entusiasmo pelas elites locais leva ao resultado paradoxal de que a multiplicação de fontes e formas de financiamento externo, em vez de afrouxar a restrição externa ao crescimento, acaba por provocar forte expansão dos passivos externos brutos (e depois líquidos), movida primordialmente não pelas necessidades de financiamento das importações necessárias ao desenvolvimento, mas sim por ganhos de especulação e arbitragem financeira possibilitados por políticas de sustentação de diferenciais excessivos de juros externos e internos associados a taxas de câmbio completamente descoladas das condições de competitividade" (Medeiros e Serrano, 1999: 149).

Em contraposição total ao discurso de que não existe alternativa, pois a abertura externa seria uma necessidade dos novos tempos, esta abordagem propõe uma outra forma de inserção externa, até porque a abertura externa também é uma opção de política, ainda que não seja vendida dessa forma. Além das medidas propostas na hipótese de fragilidade financeira interna, a perspectiva da fragilidade financeira e da vulnerabilidade externas propõe a implementação de uma opção de desenvolvimento distinta.

Apesar dos processos de desregulamentação e de liberalização financeiras levarem à exacerbação dessa vulnerabilidade externa e da perda de autonomia das políticas nacionais, ainda existiria espaço para a atuação da política econômica e para uma opção alternativa. Para isso, seria necessário escapar da armadilha cambial imposta por programas de estabilização com âncoras no câmbio, com o propósito de libertar-se da trilogia impossível, implementar formas de controle cambial, seja no volume de capital, tipo do mesmo, ou no tempo de permanência, restringindo a liberalização da conta de capital, e reduzir o grau de liberalização financeira externa e da abertura comercial; esta última pelo menos no sentido de liberalização irrestrita das importações.

II
Experiências internacionais de abertura e o neoliberalismo tardio brasileiro

Entre o discurso que defende a estratégia de abertura e a prática efetiva das principais economias não se pode fazer uma derivação direta. Ao contrário, as principais economias do mundo não apresentam conformidade direta entre discurso e prática.

Em que pesem as reformas liberais para o mercado doméstico (e regional no caso da União Européia e do NAFTA), as estratégias práticas de abertura externa e a presença do Estado na economia nos países centrais estão muito distantes do discurso propalado. A abertura financeira só foi feita nas ocasiões em que o excesso de capitais no mercado interno requeria a ampliação das fronteiras, enquanto que as reformas do mercado de trabalho, da previdência, dos processos de privatização, dentre outras, foram implementadas no sentido de retomar a capacidade de acumulação interna de capital, após o momento de crise econômica nos anos 70.

É mais no campo comercial do que no financeiro que o paradoxo entre o discurso neoliberal e a prática política se apresenta. Apesar do discurso propagado pró-abertura comercial tanto no âmbito regional como supranacional, o protecionismo comercial americano e europeu é bastante conhecido. Embora o comércio exterior (exportações mais importações) como proporção de seu PIB tenha crescido nos EUA, passando de 6,1% em 1950 para

8,3% em 1970; 10,1% em 1980; 14,4% em 1990 e 20% em 2000, a política comercial americana tem uma característica muito mais pragmática e protecionista do que de abertura.[1]

As barreiras não-tarifárias, sua principal característica, superaram as tarifas como forma dominante de protecionismo nos anos 70 e 80. Nos anos 90, até mesmo as barreiras tarifárias funcionaram como forma de proteção; o intervalo tarifário saltou de 0 – 72% em 1992 para 0 – 188% em 1996, demonstrando o recrudescimento do protecionismo americano (Serra, 1998: 21), muito embora a tarifa média ponderada de todas as importações nos EUA tenha passado de 3,3% em 1992 para 2% em 1998 e 1,8% em 1999 (Baumann e Franco, 2001: 15-17). Mas são, de fato, as barreiras não-tarifárias que mais estão presentes na política comercial americana.

As barreiras externas impostas pelos EUA se traduzem em quotas tarifárias que são aplicadas contra importações de produtos alimentícios (para valores acima das quotas são aplicadas tarifas elevadas e, em alguns casos, proibitivas), em dificuldades para acessar o mercado de compras governamentais, por conta do *Buy American Act* (que proíbe a aquisição de bens e serviços de fornecedores e impõe requisitos de fabricação local), em normas e regulamentações extremamente complexas, que não os padrões estabelecidos internacionalmente, além de possuir 3 níveis de regulamentos diferentes (federal, estadual e local), em processos antidumping

---

[1] Como destacaram Lipset e Hayes (1995), a política comercial americana nos anos 70 e 80 caracterizou-se pela divergência ou convergência com os princípios do livre comércio, de acordo com seus interesses momentâneos, com a auto-suficiência econômica nacional (que não pode ser confundida com autarquia) e com as regiões com que o país possui ou não acordos de preferência. É essa flexibilidade e validade de acordo com o país e/ou região que fornece pragmatismo à política comercial americana. De neoliberal ela só parece se vestir no discurso.

e anti-subsídios,[2] em barreiras fitossanitárias e cláusulas sociais e/ou ambientais, em procedimentos e direitos compensatórios e em utilização indiscriminada do critério da "melhor informação disponível". Vale salientar que existem limites para investimentos estrangeiros em áreas como telecomunicações (20-25% do capital das empresas) e companhias aéreas (49% do capital das empresas), sendo que uma emenda de 1988 possibilita ao presidente suspender qualquer operação de investimento estrangeiro que se julgue "lesiva à segurança nacional" (Serra, 1998: 25).[3]

Na União Européia, além da forte incidência de tarifas sobre importações de produtos alimentícios e agrícolas estabelecidas pela PAC (Política Agrícola Comum) – produtos que ainda possuem fortes subsídios em suas produções domésticas –, existe tratamento preferencial para vários produtos e regiões (café colombiano e suco de laranja do mediterrâneo, por exemplo), e a estrutura de proteção revela forte progressividade, isto é, existe elevada proteção efetiva para produtos de maior valor agregado. Dentre as barreiras não-tarifárias, além de quotas, destacam-se as exigências de etiquetagem para identificar possibilidades de reutilização e reciclagem de embalagens, que acabam elevando custos, os processos antidumping e anti-subsídios,[4] e os mecanismos de importação não-automática e do Sistema Geral de Preferências (SGP). Através do primeiro mecanismo, as importações que estão sujeitas a restrições quantitativas, a medidas de salvaguarda

---

[2] Os EUA contabilizam supostos subsídios implícitos na privatização de empresas estatais como forma de dumping.

[3] São feitas análises minuciosas das barreiras externas para os produtos exportados para os EUA, inclusive para exportações de origem brasileira, em Serra (1998) e Fernandes e Rios (1999).

[4] Contra produtos brasileiros, a incidência desses processos é maior nos EUA que na União Européia (Fernandes e Rios, 1999: 26).

ou de monitoramento não usufruem da licença automática. Já o SGP estabelece um esquema de retirada de benefícios para certos países considerados competitivos em determinados produtos. Esse mecanismo é o que dá o caráter individualizado (por país) à política comercial européia.

A discrepância entre o discurso e a prática nos países centrais não se restringe ao aspecto comercial. De fato, "é de se destacar, igualmente, que a adesão dos Estados Unidos ao neoliberalismo restringiu-se ao terreno do discurso, pois na prática a potência hegemônica adotou, de início, um *keynesianismo bélico* clássico, sucedido por investimentos e reestruturação industrial e atração de capitais estrangeiros..." (Tavares e Melin, 1997: 74). De fato, a *Reaganomics* caracterizou-se nos EUA pelo elevado gasto público (principalmente bélico), sendo que a liberalização financeira externa se tornou necessária para financiar os déficits gêmeos (em transações correntes e a dívida pública).

Mesmo as imposições do Tratado de Maastricht para a União Européia referentes ao setor público não eram respeitadas até 1995. Segundo Plihon (1999: 103), impôs-se por aquele tratado que o déficit público dos países membros deveria ser inferior a 3% do PIB e a dívida pública não superaria os 60% do PIB. Entretanto, em 1995, os países da União Européia apresentavam um déficit público de 4,5% do PIB e uma dívida pública correspondente a 70% do PIB.

I. POLÍTICAS NEOLIBERAIS E ABERTURA EXTERNA NA AMÉRICA LATINA

Mesmo antes de serem chamadas como tais, as políticas neoliberais do Consenso de Washington foram implantadas no Cone Sul americano durante a década de 70. O Chile foi o primeiro país a fazê-lo, após o golpe militar de 1973, sendo seguido pelo Uruguai no ano seguinte e pela Argentina em 1976.[5]

Alguns autores, como Cintra (1999: 129), afirmam que a seqüência correta das reformas, assim como preconizado pelo argumento seqüencial de Mckinnon, só foi seguida pelo Chile, a ponto deste país ter sido considerado o primeiro exemplo a ser observado e imitado. Em determinado momento, afirmou-se que "*a ordem correta da liberalização ... se aproxima à do exitoso experimento chileno posterior a 1975. O Chile há de tornar-se a norma ou o padrão de referência*" (Mckinnon, 1982: 159 – itálicos não originais). Por escolha irônica do destino, pouco tempo depois dessa afirmação, o Chile tornou-se de fato o padrão de referência para as experiências de liberalização, mas, ao contrário do desejado por Mckinnon, como prova de seus fracassos.

As crises de balanço de pagamentos ocorridas no Chile e na Argentina no início dos anos 80, por exemplo, podem ser debitadas justamente na conta das experiências neoliberais pioneiras ocorridas na região a partir dos anos 70, durante os regimes militares.

Apesar disso, as economias da América Latina voltaram a implementar esse tipo de estratégia nos anos 90, sendo os casos mexicano e argentino (novamente!) os mais paradigmáticos.

1. Abertura externa na Argentina e dolarização

A eleição de Carlos Menem em 1989 deu início a uma nova e mais radical implementação do ideário neoliberal na economia

---

[5] As experiências neoliberais do Cone Sul nos anos 70 têm uma exaustiva avaliação em Foxley (1988).

argentina. Após algumas tentativas iniciais de programas de estabilização sem sucesso, em janeiro de 1991, é lançado o Plano de Convertibilidade que engloba a proibição por lei de mecanismos de indexação, a fixação de salários e de tarifas públicas por tempo indeterminado, a aceleração da abertura comercial e a lei de convertibilidade, que fixou o câmbio em 10.000 austrais (moeda argentina da época) por dólar e, posteriormente (01/04/1991), fixou a taxa de câmbio em 1 dólar por peso (nova moeda). Mais do que isso, essa lei, em seu artigo 4, criava a exigência de uma cobertura de reservas internacionais de 100% para a base monetária, incluindo-se nas reservas do Banco Central seus outros ativos externos (além das divisas) e os títulos públicos emitidos em moeda estrangeira nele depositados.[6]

O Plano de Convertibilidade aproveitou-se da grande dolarização já atingida pela economia naquele momento. A tabela 1 mostra a evolução e a composição dos depósitos bancários. Esses dados evidenciam dois fatos importantes. Em primeiro lugar, a desmonetização que havia caracterizado a década de 80 é revertida pelo crescimento dos depósitos tanto em moeda nacional como em dólares, a partir de 1991.[7] Em segundo lugar, os dados mostram o maior crescimento dos depósitos em dólares, chegando em 1995 como o maior componente dos depósitos bancários.

---

[6] Esse sistema de *currency board*, na prática, restringiu a atuação e a autonomia da política monetária, pois "com isso a expansão dos meios de pagamento em moeda nacional ficou restrita ao aumento das reservas e às alterações do encaixe bancário" (Cano, 2000: 138).

[7] Como o crescimento da oferta monetária, inalterado o encaixe bancário, só acontece se ingressarem reservas internacionais, o crescimento da entrada de capital externo (passa de US$ 182 milhões em 1991 para US$ 7576 milhões no ano seguinte) garante a remonetização e a recuperação da intermediação financeira.

Tabela 1 – Composição dos depósitos bancários na Argentina (1988-1998) em US$ bilhões

	1988	1989	1990	1991	1992	1993	1994	1995	1996	1997	1998[1]
Total	12,6	10,6	10,2	14,5	24,6	38,2	45	43,2	53,2	68,4	76,8
Em pesos[2]	90,2	88,5	72,2	55	55,5	52,8	-	45,7	46,9	46,4	44,9
Em US$[2]	9,8	11,5	27,8	45	45,5	47,2	-	54,3	53,1	53,6	55,1

1. Dados até setembro.
2. Como % do total.
Fonte: Hermann (2000: 35).

Os resultados do programa em termos de estabilização são satisfatórios, pois a inflação é fortemente reduzida (171,7% em 1991 e 24,9% em 1992) e as contas públicas apresentam uma melhora em virtude da forte redução dos juros reais em 1992-1993, com uma média anual de cerca de 13%, graças também à queda dos juros internacionais. Além disso, a arrecadação é elevada não só pelas receitas do programa de privatizações, mas também em virtude do forte crescimento econômico de 1991 (10,6%). Depois desse ano, os ganhos de estabilização no tocante à inflação foram se mantendo.

A maior parte da abertura comercial do período de reformas se processou entre 1989 e 1993 com a eliminação dos regimes de consulta prévia para importar – chegando praticamente a desaparecer em 1991 a necessidade de *permiso previo de importación* –, com o aumento de impostos sobre exportações e com a redução de subsídios tributários, com objetivos fiscais emergenciais. Em outubro de 1990, foram retirados todos os ônus sobre importações de bens de capital e a redução das posições com restrição de importação de 2000 produtos para 25. As restrições foram totalmente eliminadas em janeiro de 1991.

Tabela 2 – Evolução da estrutura tarifária na Argentina (1988-1991)

Mês / Ano	Início*	09/89	01/90	03/90	07/90	09/90	04/91
Tarifa média	28,86	26,46	16,36	15,47	18,45	17,29	9,73
Tarifa máxima	40	40	24	24	24	24	22
Tarifa mínima	5	0	0	0	5	5	0
Posições com tarifa máxima	2325	2311	3139	3020	3113	3821	3808
Posições com tarifa mínima	849	777	783	1419	795	926	5165

* Situação vigente em 1988.
Fonte: Damill e Keifman (1992: 119).

A estrutura tarifária, por sua vez, também sofreu profunda alteração com a abertura comercial. A tabela 2 mostra a evolução dessa estrutura até meados de 1991.

Deve-se ressaltar a consistente redução da tarifa média de importação, assim como a da tarifa máxima que sai de 40% no início do processo de abertura comercial para chegar a 22% em abril de 1991. A tarifa mínima de 5% foi eliminada, sendo que o número de posições nessa tarifa chega a impressionantes 5165 em abril de 1991. Desde abril de 1991, rapidamente, as tarifas baixam ainda mais e são estratificadas em três grupos (0%; 11% e 22%), sofrendo posteriormente um reescalonamento em oito níveis crescentes que saíam de 0% até 20%, na razão de 2,5%. É preciso lembrar, como faz Cano (2000: 129), que em 1992 a crise brasileira fez com que o governo argentino tomasse medidas que levaram a tarifa média para cerca de 18%.[8]

A liberalização financeira externa foi ainda mais radical que a abertura comercial. Segundo Bouzas (1996: 116), já no final de 1989 foram suprimidas todas as restrições sobre transações em divisas e investimento externo (seja investimento direto ou de carteira). De fato, essa segunda experiência de liberalização financeira é extremamente radical, levando o grau de abertura financeira a um nível bastante próximo de seu limite. As principais medidas nessa direção foram as seguintes:

(a) *Lei de Emergência Econômica* (08/89): concedeu as mesmas condições de tratamento regulatório, creditício e tributário para o capital externo, sob a forma de investimento direto estrangeiro, que as possuídas pelo capital nacional.

(b) Normas do Banco Central que, em 07/89 e 03/91, regulamentam a captação de depósitos e operações de crédito em dólares pelos bancos argentinos e, em 12/89 e 04/91, a liberalização do mercado de câmbio.

(c) *Plano/Lei de Convertibilidade* (03/91): proíbe a indexação de valores, permite os pagamentos em moeda estrangeira, institui o regime de *currency board*, estabelecendo a livre convertibilidade entre a moeda nacional e o dólar e autoriza a realização de contratos em moeda estrangeira.[9]

(d) *Decreto de Desregulamentação do Mercado de Valores*

---

[8] Nesse momento também foram aplicadas salvaguardas e ações antidumping contra importações provenientes do Brasil.

[9] "Dessa forma, a desregulamentação do mercado de câmbio foi total. Não somente inexistem, agora, regulamentações de qualquer tipo para a compra e venda de divisas como, inclusive, não existem bons registros estatísticos das operações. Nesse contexto, o custo de ingresso e saída de capitais reduziu-se a quase zero" (Fanelli e Machinea, 1997: 150).

(11/91): eliminou impostos e outras restrições às operações com títulos mobiliários.[10]

(e) Nova Carta Orgânica do Banco Central (09/92): definiu sua independência, vetando sua atuação como financiador do Tesouro Nacional[11] e restringiu seu papel de emprestador de última instância.[12]

(f) *Decreto* 146/1994: liberou e regulamentou a operação de instituições financeiras de capital estrangeiro, fornecendo-lhes tratamento regulatório idêntico às nacionais.

Esse conjunto de medidas representa de forma muito mais radical a volta ao quadro institucional existente no final dos anos 70, ou seja, a abertura financeira com concentração de capital financeiro, a existência de bancos universais que operam sem restrições de mercado e a desnacionalização. A participação dos bancos privados estrangeiros no ativo total do sistema argentino sai de 39,9% no fim de 1996 para 51,2% em setembro de 1998 (Hermann, 2000: 38).

Com isso tudo e principalmente com o perfil dolarizado que assume o sistema financeiro argentino, eleva-se a fragilidade financeira de suas instituições e, portanto, a vulnerabilidade externa do país. Em 1995, por exemplo, o efeito tequila proveniente da crise mexicana de dezembro de 1994 reduziu drasticamente a entrada

---

[10] A convertibilidade total da conta de capital foi obtida com a desregulamentação do mercado de capitais em 1991 (extinção do imposto sobre operações bursáteis e autorização para empresas e bancos emitirem *obligaciones negociables* em moeda estrangeira e *commercial papers*) e a adoção da *Lei de Anistia Fiscal* de 1992 (isenção de tributação à repatriação de recursos argentinos no exterior).

[11] Nesse sentido, foi proibido o financiamento monetário do déficit público e restringida a venda de títulos públicos a um montante não superior a 1/3 das reservas do banco e com um limite de 10% para seu incremento anual (Cano, 2000: 130).

[12] Foi suprimida a garantia oficial de depósitos e limitada severamente a concessão de redesconto e empréstimos para instituições financeiras.

de capital (caiu de US$ 9,3 bilhões em 1994 para míseros US$ 540 milhões no ano seguinte), o que provocou uma forte pressão cambial com elevação da fragilidade das instituições financeiras e um ajuste interno recessivo (taxa de crescimento de -2,8% em 1995).[13] Essa extrema dependência do capital externo faz com que a economia argentina apresente um ciclo de crescimento bastante instável, ora com taxas muito positivas ora com retrocessos expressivos.

Como efeito do processo de liberalização financeira externa, ocorreu no país uma forte entrada de capitais, sendo que entre 1991 e 1994 essa entrada totalizou US$ 44 bilhões, dos quais apenas US$ 12 bilhões como investimento direto estrangeiro e desses US$ 5,3 bilhões destinados a privatizações. A abertura comercial, em conjunto com a forte valorização do câmbio real[14] – conseqüência tanto do regime de câmbio nominal fixo como da livre entrada de capitais externos –, fez com que as importações quintuplicassem entre 1990 e 1994. Como decorrência dos déficits comerciais e da conta de serviços, o déficit em transações correntes como proporção do PIB passou de 2,4% em 1992 para 3,6% em 1994 e 4,8% em 1998.

Em outras palavras, o processo de abertura externa na Argentina da década de 90, aprofundado e agravado por um regime de câmbio nominal fixo, levou a déficits crônicos em suas

---

[13] Em 1999, essa situação se repetiria. A taxa de crescimento da economia nesse ano foi de -3,3%, refletindo tanto os efeitos da crise russa no final do ano anterior como da crise cambial brasileira de janeiro de 1999.

[14] Portugal (1995: 209) estima que a maior parte da valorização do câmbio real na década de 90 se deu entre 1989 e 1990, isto é, antes do Plano de Convertibilidade, o que permite estabelecer que a forte entrada de capital externo tem muito mais responsabilidade na deterioração desse preço relativo que o estabelecimento do câmbio nominal fixo.

contas externas, ao aumento do endividamento externo público e privado, que passa de US$ 62 bilhões em 1990 para US$ 79,5 bilhões quatro anos depois, sendo que a parcela do setor público, no mesmo período, sai de US$ 49 bilhões para US$ 61 bilhões,[15] e à volatilidade nas taxas de crescimento da economia. O valor médio da taxa de crescimento entre 1989 e 1999 foi inferior a 3% ao ano,[16] mas o que é mais indicativo é o fato de que os anos recessivos (1995 e 1999) foram justamente aqueles em que o capital externo mais se retraiu, evidenciando a fragilidade e a vulnerabilidade externas da Argentina, que provocam uma forte restrição externa a seu crescimento.

Esse processo em termos distributivos também trouxe seus efeitos. Se a distribuição de renda tem sido regressiva nos últimos 25 anos, no último período ela regrediu mais ainda, pois entre 1990 e 1998 a participação dos 20% mais pobres passa de 5,7% da renda para 4,2%, e a dos 20% mais ricos de 50,8% para 53,2% (Cano, 2000: 151).

Apesar do agravamento da situação, o governo argentino parecia decidido a manter a convertibilidade e o grau de abertura externa, dez anos após o início do projeto neoliberal. No início de 2001, o governo chegou a anunciar um projeto para flexibilizar o regime cambial do país onde a cotação do peso passaria a ser igual a 50 centavos de dólar somados a 50 centavos de euro. Chegou também a ser anunciado um sistema cambial diferenciado para as transações comerciais e as financeiras. Entretanto, o compromisso com a convertibilidade ainda era afirmado explicitamente. Isso

---

[15] "A despeito das privatizações, entre 1989 e 1996, a dívida externa do governo aumentou em 17,6 bilhões de dólares e a do setor privado em 16,8, sofrendo, juntas, um aumento de 53% no período" (Cano, 2000: 128).

[16] Em 2000 a taxa de crescimento foi mais pífia ainda, atingindo 0,6%.

continuou impondo dois problemas para o país. O primeiro era a manutenção de sua total inexistência de soberania no manejo da política econômica, o que não apareceu como um grande problema para seus governantes. O segundo, como conseguir crescer e, ao mesmo tempo, obter reservas para manter o câmbio estável? Se o Banco Central argentino não pode emitir dólares e o FED americano não acenou para a incorporação de um novo "Porto Rico" a seus Estados Unidos, a Argentina só teria duas saídas: vultosos saldos positivos na balança comercial ou continuidade da entrada de capital externo para financiar suas contas. A primeira alternativa não se mostrou muito promissora, não só pelos efeitos deletérios da abertura comercial, mas também pela valorização cambial que a Argentina sofreu em relação a seus principais parceiros comerciais. A segunda alternativa tampouco se mostrou sustentável, uma vez que a pergunta relevante ainda estava presente: até quando os investidores externos aceitariam financiar um país com superendividamento externo, com déficits estruturais em transações correntes e com restrição externa ao crescimento? A eclosão da crise, inclusive na esfera institucional, em novembro de 2001 mostrou que o experimento neoliberal argentino fracassou rotundamente.

Em janeiro de 2002, o país foi obrigado a abandonar oficialmente a lei que impunha a paridade entre o dólar e o peso. Inicialmente, foi anunciado um sistema de câmbio duplo com uma taxa fixa para comércio exterior e pagamento da dívida externa federal, e outra flutuante para as demais operações (turismo, poupança e importação de bens de consumo). Ao longo do ano, a incapacidade do país em honrar seus compromissos externos e a crise que se desenvolveu por conta da insuficiência de dólares no sistema bancário, frente à demanda dos correntistas, que desejavam retirar seus saldos em dólares, conformaram uma intensa crise cambial e financeira no país. Qualquer atitude frente a essa crise não escapará de altos custos econômicos e sociais para o país que, sem dúvida alguma, devem ser debitados em qualquer balanço geral que se faça das políticas neoliberais na América Latina.

2. México: mais um experimento no início da década de 90

Apresentado como caso exemplar de um suposto sucesso na aplicação das políticas neoliberais, o México passou a ser referência dos resultados que essas políticas promovem. Ao invés de um exemplo de sucesso, como queriam os defensores e os ideólogos do neoliberalismo, o México demonstrou mais uma vez a fragilidade e a vulnerabilidade externas como conseqüência de um processo radical de abertura externa, processo que culminou com a grave crise de dezembro de 1994.

Esse país começou a implementar esse tipo de política após passar pela crise da dívida externa no início da década de 80. O ano de 1982 representou não apenas uma exacerbação da crise, mas também uma profunda modificação na estratégia de desenvolvimento.

A gravidade da crise em 1982 levou à suspensão do pagamento do serviço de uma dívida externa que passou de US$ 40 bilhões em 1980 para US$ 90 bilhões dois anos depois. Para piorar a situação, ocorreu uma reversão abrupta da taxa de crescimento da economia, que passa de 8,8% em 1981 para -0,6% em 1982, a explosão inflacionária que sai de 28,7% em 1981 para atingir 98,8% no ano seguinte. Além disso, o desequilíbrio financeiro do setor público torna-se crônico quando em 1982 o déficit público como proporção do PIB atinge 17%. A gravidade dessa crise fez com que as reformas liberalizantes fossem adiadas, com exceção do programa de desestatização, e as políticas de estabilização passassem a ser a prioridade na agenda do novo governo empossado em novembro de 1982.

Autores como Paula (1994) e Ferreira (1994) dividem a implementação das políticas de estabilização em duas fases.[17] A primeira compreenderia o período entre 1982 e 1987, englobando tanto as medidas emergenciais de 1982 para fazer frente à crise da dívida como o Plano Imediato de Reordenação Econômica (PIRE).

Tabela 3 – Balanço de pagamentos no México
(1982-1988) em US$ milhões

Conta	1982	1983	1984	1985	1986	1987	1988
Exportações	21230	22312	24196	21663	16031	20655	20657
Importações	14437	8550	11255	13212	11432	12222	18905
Balança comercial	6793	13762	12941	8451	4599	8433	1752
Transações correntes	-4878	5403	4194	1130	-1673	3968	-2905
IDE[1]	1655	461	390	491	1160	1796	1726
Investimento de portfolio	946	-653	-756	-984	-816	-397	1929
Variação de reservas	3470	-2183	-2355	2972	232	-5684	6789

1. Investimento direto estrangeiro.
Fonte: IMF, International Financial Statistics.

De cunho ortodoxo, mas mantendo alguns elementos heterodoxos como o controle de câmbio e de importações, o PIRE procurou obter um ajuste gradual da conta corrente, um ajuste fiscal e a redução da inflação, utilizando para isso instrumentos de rigidez na política fiscal, tetos para expansão

---

[17] Landau (1991) prefere uma divisão em três fases para apontar o início do governo Salinas de Gortari em 1989 como uma fase específica, quando se procurou, além de garantir a estabilidade econômica, a retomada do crescimento e a renegociação da dívida.

do crédito interno e um maciço programa de privatizações. Dessa maneira, em termos de seus objetivos, o programa pode ser considerado relativamente bem-sucedido, uma vez que o déficit em transações correntes saiu de cerca de US$ 5 bilhões em 1982 para um superávit de quase US$ 4 bilhões em 1987 (tabela 3).

Entretanto, o governo de Miguel de la Madrid (1982-1987) não conseguiu esses resultados sem custos. A tabela 4 apresenta esses custos.

Tabela 4 – Indicadores macroeconômicos no México (1982-1988) em %

Indicador	1982	1983	1984	1985	1986	1987	1988
Crescimento	-0,6	-4,2	3,6	2,6	-3,8	1,4	1,1
Crescimento per capita	-2,2	-7,4	1,3	0,2	-5,9	-0,9	-1,1
Taxa de juros ao ano	73,62	77,02	62,83	69,33	112	155,14	78,4
Taxa de inflação	98,8	80,8	59,2	63,7	105,7	159,2	51,7
Investimento / PIB	22,9	17,5	17,9	19,1	19,4	18,4	19,1
Taxa de desemprego	4,2	6,6	5,7	4,4	4,3	3,9	3,6

Fonte: IMF, International Financial Statistics e CEPAL.

Os dados para o crescimento e para o crescimento per capita da economia mexicana mostram claramente a estagnação econômica do período, o que é facilmente explicado pela manutenção de altas taxas reais de juros no período e pela redução do investimento como proporção do PIB. Com a reversão do déficit público, o último componente da demanda agregada, o saldo comercial, era o único que poderia sustentar certo crescimento econômico. Entretanto, os saldos positivos obtidos foram utilizados para o pagamento da dívida externa de forma que a sangria de recursos para o exterior consumiu pouco mais de 6% do PIB ao ano entre 1982 e 1988 (Cano, 2000: 427).

Não bastasse isso, a explosão inflacionária em 1986 e 1987 (tabela 4), muito por conta das desvalorizações do período e da revisão dos preços públicos, provocou uma guinada da política de estabilização. Em dezembro de 1987, Miguel de la Madrid propôs o Pacto de Solidariedade Econômica (PSE), que aglutinou medidas ortodoxas e heterodoxas. Às primeiras pertenceram o corte de crédito e de oferta monetária, a aceleração da abertura comercial e das privatizações, e o enxugamento do Estado com a dispensa de funcionários, a desestatização e a extinção de entidades públicas.[18] O caráter heterodoxo do PSE se deu por uma política *concertada* de rendas, na qual governo, empresários e trabalhadores se comprometiam a manter um controle temporário sobre preços e salários. A taxa de câmbio *controlada* foi ajustada para acabar com o ágio existente no câmbio livre, sofrendo desvalorização de 22% em 16/12/1987, e sendo fixada até 1989.[19] A utilização da taxa de câmbio como âncora da estabilização foi possibilitada pela existência de reservas cambiais na ordem de cerca de US$ 14 bilhões no início do plano, posteriormente acrescidas pelo ingresso de capital externo pós-liberalização financeira.

Com o início do governo Carlos Salinas de Gortari em 1989 e com a inflação substancialmente reduzida, foi mantido o principal do PSE, mas se estabeleceu o Pacto pela Estabilidade e de Crescimento Econômico (PECE) com três objetivos adicionais: (i) liberalização de preços; (ii) retomada do crescimento; e (iii) renegociação da dívida externa. A idéia da política era a da estabilidade macroeconômica com redução do papel do Estado e o crescimento encabeçado pelo setor privado, ou seja,

---

[18] O detalhamento dessas medidas pode ser encontrado em Landau (1991) e Paula (1994).

[19] Segundo Cano (2000: 49), o PSE praticaria a partir de março de 1988 uma indexação descendente de preços, salários e câmbio, mas, com os resultados obtidos até aquele momento, se resolveu pelo congelamento informal desses preços, sendo que os salários tiveram um pequeno reajuste de 3%.

uma vez conseguida certa estabilização, o processo de abertura externa e desregulamentação interna garantiria a retomada dos investimentos externos e internos e, portanto, o crescimento econômico.

Entretanto, para que isso fosse feito, era necessário que o país voltasse a acessar os mercados de capitais internacionais, o que só seria possível com uma renegociação da dívida externa. Essa renegociação se deu sob os moldes do Plano Brady[20] e foi concluída entre 1989 e 1990.

O processo de abertura externa, antes da liberalização financeira, já vinha sendo implementado com a abertura comercial. A gravidade da crise no início dos anos 80 fez com que as licenças prévias para importação entre 1981 e 1982 passassem a atingir 100% das importações, que a tarifa média sobre elas chegasse a 27% (16,4% ponderado pela produção doméstica) e que a amplitude tarifária se definisse pelo intervalo 0% e 100%, existindo 16 níveis tarifários. Entretanto, esse quadro foi prontamente revertido e o processo de abertura comercial teve seu início já em 1984, quando essas licenças para importações atingem 83% do total destas. Como a aceleração da abertura comercial se dá em 1985, autores como Paula (1994) e Ten Kate (1992) identificam esse ano como o início do processo, mas sua concepção já estava delineada e seus primeiros passos

---

[20] "Na essência, o Plano Brady provia alívio por meio da reestruturação das dívidas para com os bancos comerciais a taxas de juros mais favoráveis e por meio da possibilidade de securitizar essas dívidas por títulos de renda fixa" (Botaro, 2001: 56). O México foi o primeiro beneficiário das renegociações da dívida externa sob a forma do Plano Brady, e concluiu seu refinanciamento conseguindo renegociar mais da metade dos US$ 48,5 bilhões que totalizavam sua dívida externa no final de 1989.

[21] "O governo mexicano inicia a partir de 1983 uma nova política de comércio exterior. Transita-se rapidamente de uma política protecionista de importações para uma política de liberalização comercial, que objetiva o incremento e a diversificação das exportações e uma maior competitividade da planta produtiva" (Urdiales, 1991: 18).

foram dados antes.[21] Uma vez que o sistema de proteção à indústria mexicana se baseava em controles quantitativos (quotas e permissões prévias de importação), em tarifas nominais elevadas e em um sistema de preços oficiais de importação, que serviam para o cálculo do valor tarifário mínimo e para evitar subfaturamento, a abertura comercial mexicana se traduziu na redução da incidência desses mecanismos no total das importações, como mostra a tabela 5.

Tabela 5 – Evolução do regime de proteção mexicano (1980-1991)

Mês / Ano	Incidência de permissão prévia à importação[1]	Tarifa média (%)[2]	Incidência de preços oficiais de importação[1]
04/1980	64	22,8	13,4
06/1985	92,2	23,5	18,7
12/1985	47,1	28,5	24,4
06/1986	46,9	24	19,6
12/1986	39,8	24,5	18,7
06/1987	35,8	22,7	13,4
12/1987	25,4	11,8	0,6
06/1988	23,2	11,0	0
12/1988	21,3	10,2	0
06/1989	21,8	12,6	0
12/1989	19,8	12,5	0
06/1990	19,6	12,5	0
12/1990	17,9	12,4	0
12/1991	-	12,0	0

1. % do total de importações.
2. Ponderada pela produção doméstica.
Fonte: Ten Kate (1992) e Agosin e Ffrench-Davis (1993).

Deve-se destacar que a tarifa média sobre importações começa a cair em 1984, mas é reajustada em 1985 para compensar a redução significativa das licenças para importação. Os preços oficiais de referência de importações também passam a atingir uma proporção maior das importações em 1985 para compensar o primeiro efeito.[22] A partir daí, entretanto, os três mecanismos de proteção passam a ser reduzidos. Em julho de 1985, foram eliminados os controles quantitativos para um grande número de posições, sendo que só 908 de um total de 8.000 posições ficaram sob controle, a maioria referente a bens de consumo final (Ten Kate, 1992: 67). No início de 1986 foi abolida a tarifa de 100%, e a tarifa máxima passou a ser de 50%. Em março do mesmo ano foi anunciado um cronograma de redução tarifária para que a tarifa máxima chegasse a 30% até outubro de 1988, em quatro fases. O processo todo se dá de forma que a abertura comercial estava praticamente concluída em 1988, sendo que a partir daí foram feitos alguns ajustes, como a pequena elevação tarifária para compensar a redução de outras restrições não-tarifárias. Uma das características da abertura mexicana é o fato de que o número de categorias de tarifas reduziu-se de 16 em 1982 para apenas 5 em 1990.

A entrada do México no GATT em meados de 1986, embora não tenha implicado em mudança de sua política comercial, uma vez que o país já tinha ido mais além na abertura comercial do que o estipulado pelo GATT, representou uma "amostra por parte das autoridades mexicanas de sua firme intenção de levar o programa de abertura a suas últimas conseqüências, sem possibilidade de voltar atrás" (Ten Kate, 1992: 67). A incorporação do México no NAFTA em janeiro de 1994 possui o mesmo significado, sendo

---

[22] Essa compensação nas medidas é o que parece fazer com que Paula (1994) e Ten Kate (1992) identifiquem o ano de 1985 como o marco inicial do processo de abertura comercial.

que o país se comprometia a seguir reduzindo tarifas frente aos EUA e ao Canadá, a aprofundar o processo de liberalização para os setores de serviços e a dar maior abertura aos movimentos de capital.

No que se refere à liberalização financeira externa, o processo de abertura começou a ser implementado posteriormente. No período entre 1982 e 1988, a reforma financeira limitou-se à adequação frente as mudanças internacionais. É só com a lei bursátil de dezembro de 1989 que o processo de liberalização financeira é de fato posto em marcha. Essa lei ampliou o acesso do investimento estrangeiro ao mercado de ações, possibilitando-lhe a aquisição de ações do tipo que garantem (ou podem garantir) o controle de capital; essas ações, anteriormente, eram exclusividade para investidores nacionais.

O elemento central da liberalização da conta de capital mexicana foi a abertura do mercado de títulos públicos. A proibição de aquisição desses títulos por não-residentes que vigorava desde 1980 foi eliminada em 1990. Em maio desse mesmo ano, foi instituída uma taxa única de 1% ("selo fiscal") sobre repatriação dos recursos aplicados no exterior. O regime de câmbio dual vigente desde 1982 foi abolido em novembro de 1991 e um mês depois foram autorizadas as negociações com *Certificados de la Tesorería* (*Cetes*), que são títulos do governo denominados em pesos, além de terem sido liberalizadas as aplicações em títulos privados de renda fixa.

No que diz respeito à conversibilidade entre moedas, a liberalização financeira externa também foi aprofundada. Se no período entre 1986 e 1991 os depósitos em moeda estrangeira eram permitidos só para empresas localizadas na fronteira com os EUA, em 1991 esses depósitos foram liberados para pessoas físicas dessas localidades e pessoas jurídicas mexicanas em geral. Dois anos depois, as condições de acesso para não-residentes a esses depósitos foram liberalizadas.[23] Ainda foi autorizada a emissão de títulos denominados em moeda estrangeira, isto é, com cobertura cambial (como os *Tesobonos*, que têm um prazo de apenas 1 a 3 meses e são indexados em dólar), e de *Certificados de Depósito Bancário* denominados em dólar.

Já o marco regulatório do capital estrangeiro no tocante aos bancos também foi liberalizado. Em julho de 1990 foi promulgada uma nova lei das instituições de crédito flexibilizando as condições de acesso para as instituições estrangeiras. Especificamente, estabeleceu-se que as sucursais podiam transacionar apenas com não-residentes e autorizou-se uma participação minoritária estrangeira no capital social das corretoras. Em abril de 1994, em face da entrada para o NAFTA, foi autorizada a abertura direta de filiais de bancos e corretoras americanos e canadenses. Tudo isso se deu em meio à reprivatização dos bancos entre 1990 e 1992. A participação estrangeira no sistema financeiro mexicano não cedeu nem no período pós-94 (ano da crise), sendo que em dezembro desse ano 1,2% do total de ativos era de propriedade estrangeira e três anos após essa proporção já estava em 19,9%.

Esse processo de abertura externa provocou vários efeitos deletérios sobre a economia mexicana. O endividamento externo privado, por exemplo, teve um crescimento de 170% entre 1988 e 1994, sendo que só a dívida externa bancária nesse período foi acrescida em US$ 18 bilhões. A forte entrada de capitais externos, fenômeno que se acelerou a partir de 1991 (tabela 6), no período entre 1990 e 1993, efetivou-se 21% na forma de investimento direto e 67% na forma de investimento em carteira (Griffith-Jones, 1996: 156); só no ano de 1993, o investimento externo em

---

[23] "Apenas representações oficiais dos governos estrangeiros, organismos internacionais e pessoas físicas estrangeiras que prestam serviços a essas instituições podem abrir contas em moeda estrangeira no México" (Freitas e Prates, 1998: 177).

portfolio superou o investimento direto estrangeiro em 6,5 vezes! Deve-se ressaltar que o investimento de portfolio passa a superar o investimento direto estrangeiro exatamente quando a liberalização financeira externa é intensificada no governo Salinas.

Tabela 6 – Balanço de pagamentos no México (1989-1997) em US$ bilhões

Conta	1989	1990	1991	1992	1993	1994	1995	1996	1997
Exportações	35,1	40,7	42,7	46,2	51,9	60,9	79,5	96,0	110,4
Importações	34,7	41,6	49,9	62,1	65,3	79,3	72,4	89,4	109,8
Saldo comercial	0,4	-0,88	-7,2	-15,9	-13,4	-18,4	7,1	6,6	0,62
Transações correntes	-5,8	-7,4	-14,8	-24,4	-23,4	-29,6	-1,5	-2,3	-7,4
Investimento direto estrangeiro	2,7	2,5	4,7	4,4	4,4	10,9	9,5	9,2	12,4
Investimento de portfolio	0,35	3,3	12,7	18,0	28,9	8,2	-9,7	13,4	5,0
Conta de capital	4,7	8,4	25,1	27,0	33,7	15,7	-10,4	6,1	18,9

Fonte: IMF, International Financial Statistics e Huerta (2000: 57) para a conta de capital.

Tabela 7 – Indicadores macroeconômicos no México (1989-1998) em %

Indicador	1989	1990	1991	1992	1993	1994	1995	1996	1997	1998
Crescimento	3,3	4,4	3,6	2,6	0,6	3,5	-6,2	5,2	6,8	4,8
Crescimento per capita	1,3	2,4	1,7	0,9	-1,5	1,5	-7,5	3,8	4,9	2,8
Inflação anual	19,7	29,9	18,8	11,9	7,7	6,5	52	27,7	15,7	18,6
Poupança interna[1]	-	20,3	18,7	16,6	15,1	14,7	19,4	20,4	21	20,6
Taxa real de câmbio[2]	95	90	82	76	72	74	110	96	86	85
Taxa de desemprego	-	-	2,7	2,8	3,4	3,7	6,2	5,5	3,7	3,2

1. Como proporção do PIB.
2. Deflacionado pelo IPC e com 1988=100 (a redução do índice indica apreciação).

Fonte: IMF, International Financial Statistics e CEPAL, Anuário Estadístico de América Latina y El Caribe.

A forte entrada de capital externo, em conjunto com a utilização da taxa de câmbio como âncora da estabilização, provocou uma significativa apreciação real do câmbio (tabela 7). Isto, aliado ao amplo processo de abertura comercial, resultou nos déficits comerciais que ocorreram no período 1990/1994.

A significativa diferença entre os déficits na balança comercial e em transações correntes durante todo o período evidencia o pesado déficit na conta de serviços, consubstanciado na elevada magnitude das remessas de juros e dividendos e pagamentos de juros. Esses déficits externos crônicos eram cobertos por mais ingresso de capitais que implicou em maiores remessas de lucros (no caso de investimento direto estrangeiro) e pagamento de juros (empréstimos externos) e no crescimento do passivo externo; entre 1990 e 1994 o passivo externo líquido elevou-se em US$ 92 bilhões (Ffrench-Davis, 1997: 30). A crônica incapacidade de cobrir o déficit em transações correntes, que, em relação ao PIB, sai de 1,5% em 1988 para 3,0% em 1990, 5,1% em 1991 e 7,7% três anos depois, tornou-se um círculo vicioso que desembocou na grave crise cambial de dezembro de 1994.[24]

Essa crise já deveria ter acontecido em princípios do ano, mas o governo cobriu o déficit externo com reservas monetárias, contraindo empréstimos de curto prazo. Ao longo desse ano, ocorreram seis ataques especulativos contra a moeda mexicana, sendo que a tentativa do governo de desvalorizar o câmbio em 15,6% em dezembro levou a uma fuga em massa dos capitais externos e ao esgotamento das reservas. A variação destas em 1994 foi de - US$ 18,9 bilhões.

Esses problemas de financiamento externo levaram a uma

---

[24] Existe uma vasta literatura sobre a crise mexicana de 1994, dentre a qual podemos destacar Baeza (1997), Chesnais (1999b), Ffrench-Davis (1997) e Huerta (2000).

queda no PIB de 6%, a uma forte depreciação de sua moeda e a um repuxo inflacionário no ano seguinte (tabela 7). A crise cambial ainda foi complicada por dois fatores. O primeiro foi o encurtamento e a dolarização da dívida para atrair investidores no início de 1994. Os títulos do governo denominados em pesos (*Cetes*) foram sendo substituídos por títulos com cobertura cambial (*Tesobonos*). Estes últimos passaram de US$ 1,3 bilhão em 1993 para US$ 17,4 bilhões em 1994. O segundo fator complicador foi o crescimento da postura especulativa de bancos e instituições financeiras nos mercados cambiais, o que provocou o aumento do endividamento privado e da fragilidade do sistema financeiro.[25]

Para tentar socorrer a economia mexicana foi montado um pacote de ajuda sob a supervisão americana de mais de US$ 50 bilhões, dos quais US$ 20 bilhões dos EUA, US$ 17,8 bilhões do FMI (com prazo de 5 anos) e US$ 10 bilhões do BIS. Apesar de apenas pouco mais de US$ 11 bilhões terem sido utilizados, "a dívida externa, acrescida pela abertura, passa (em US$ bilhões) de 102 em 1987 para 131 em 1993, disparando para 166 em 1995. Tal aumento foi possibilitado justamente pelo socorro dos EUA e do FMI, que permitiram ao México voltar ao mercado financeiro internacional para (...) reendividar-se ainda mais" (Cano, 2000: 444).

A crise de dezembro de 1994 foi o ponto culminante de uma experiência que vinha sendo mostrada como a prova definitiva de que os países periféricos deveriam implementar políticas claras de abertura externa para poderem sustentar períodos consistentes de desenvolvimento. Três anos antes da crise, Landau (1991: 24-25, itálicos não originais) afirmava que "pelos resultados obtidos até hoje, a política de estabilização

---

[25] Sendo assim, o caso mexicano combinou uma ampliação do endividamento público, da fragilidade financeira dos bancos, com a vulnerabilidade externa da economia.

mexicana se transformou em exemplo de sucesso de *ajustamento à crise externa* e de combate à inflação" e, mesmo com os dados já piorando, "não resta dúvida, porém, de que a relativa estabilidade macroeconômica alcançada, após sete anos de ajuste, criou ambiente propício para a *recuperação dos investimentos e a retomada do crescimento*". Ten Kate (1992: 76), por sua vez, entendia o caso mexicano como um *wirtschaftswunder* (milagre econômico).

O fracasso dos ensaios chileno e argentino de 12 anos antes parece não ter sido suficiente para evidenciar que a abertura externa tende a provocar problemas de financiamento das contas externas e a conseqüente vulnerabilidade externa da economia. A inevitável crise mexicana de 1994 cumpriu o papel de tentar relembrar esses efeitos para os arautos da abertura externa. É bem verdade que alguns autores, como Griffith-Jones (1996), não atribuem a crise à natureza do processo de abertura, mas à velocidade como ele é implementado. A esses autores deve-se lembrar que o PIB per capita do México entre 1982 e 1996 caiu 0,6% ao ano em média, frente a um crescimento médio de 3,3% ao ano entre 1950 e 1981, e que o déficit em transações correntes em 1998 já superava os US$ 15 bilhões, voltando aos níveis do início da década. Além disso, o salário mínimo real de 1997 correspondia a 55,3% do de 1988, sendo que este era igual a apenas 55,2% do que vigorava em 1980! (Cano, 2000: 452). Ou seja, o processo de abertura externa no México produziu, assim como nos outros casos, um regime de baixas taxas de crescimento e de concentração de renda, além de majorar a possibilidade de crises financeiras e/ou cambiais que, neste caso específico, transbordaram a barreira da possibilidade e se tornaram uma necessidade.

II. O NEOLIBERALISMO TARDIO BRASILEIRO DOS ANOS 90

O Brasil terminou por, tardiamente, aderir à onda das políticas neoliberais que se abateu na América Latina nas últimas décadas, desde que as primeiras experiências dos anos 70 tiveram o ocaso relatado. Entretanto, as relações do país no cenário internacional sempre foram determinantes para sua trajetória de desenvolvimento.

A experiência histórica brasileira sempre mostrou amplas e profundas relações com o exterior, ainda que com distintos padrões de inserção internacional ao longo do tempo. A evolução econômica do país tem sido em muito determinada por suas relações e padrões de comércio exterior,[26] papel na divisão internacional do trabalho e dependência em relação ao capital internacional, tanto na forma de empréstimos e financiamentos como na de investimentos diretos e, mais ultimamente, de portfolio.

A virada dos anos 80 para os 90 do século passado assistiu à volta da liquidez internacional por conta dos processos de desregulamentação e de globalização financeiras, o que permitiu aos países endividados voltarem ao circuito de financiamento externo após uma década de forte retração do capital externo. Além da nova configuração internacional, a volta aos mercados financeiros internacionais também foi determinada por outros condicionantes.

Em primeiro lugar, ocorreu um processo de reestruturação das dívidas externas que se caracterizou pela securitização dessas dívidas, nos moldes do chamado Plano Brady. A concepção original

---

[26] Já na época de economia primário-exportadora, o país mostrava enorme dependência do comércio exterior, que se manifestava tanto em dependência das flutuações do mercado mundial como em dependência da concorrência externa.

deste – pelo menos a mais difundida[27] – defendia a possibilidade de diminuição do valor da dívida externa, mediante redução do principal da dívida e/ou dos juros a serem pagos, da extensão dos prazos de pagamento e da substituição das obrigações (passivos) com taxas de juros flutuantes por títulos com taxas fixas (processo de securitização).

O Brasil foi um dos últimos países da América Latina a finalizar o acordo sob os termos do Plano Brady em abril de 1994, embora as negociações já viessem do final dos anos 80. O acordo brasileiro fez referência apenas à parte do setor público com bancos comerciais estrangeiros e, na prática, significou o levantamento da moratória parcial que vigorava desde 1989. Portella Filho (1994: 86) estima que o desconto total da dívida líquida[28] ficou em US$ 4,7 bilhões, o que representou apenas 14,5% da dívida elegível para redução e 5,5% da dívida externa pública antes do acordo.[29] Considerando a dívida externa pública antes do acordo e aquela elegível para redução, o grau de abrangência do plano para o caso brasileiro foi de apenas 37,6% da primeira.

---

[27] Em um exaustivo e minucioso estudo sobre a concepção e a implementação do Plano Brady na América Latina, Portella Filho (1994: 65-66) adverte: "estranhamente, as características continuistas do Plano Brady passaram meio despercebidas pelas avaliações técnicas preliminares de alguns especialistas e da imprensa brasileira que, no geral, deram destaque excessivo à proposta de redução das dívidas. Nem todos perceberam que – colocada em bases voluntárias e entregue à administração dos cartéis bancários – a redução da dívida acabaria tornando-se uma meta secundária do plano".

[28] Esse indicador inclui o desconto captado nas recompras e bônus (US$ 3,9 bilhões), o valor presente da redução dos juros, incluindo o esperado após 1994 (US$ 4,7 bilhões), e o impacto negativo do financiamento das cauções (US$ 3,9 bilhões), que é feito mediante imobilização de reservas e/ou novos empréstimos.

[29] "Esse indicador permite observar que parte substancial do desconto captado pelos devedores no curto e médio prazo foi neutralizado pelo aumento do endividamento líquido decorrente do financiamento das cauções" (Portella Filho, 1994: 87).

Mais do que os resultados do acordo, o importante para os objetivos deste estudo é que a implementação da reestruturação da dívida externa nestes moldes impunha condicionalidades na opção de política econômica interna, isto é, os devedores que recorreram ao Plano Brady tiveram normalmente de se submeter ao Consenso de Washington. Vale salientar que, mesmo com a negociação encerrada em 1994, o capital externo já voltava a entrar no país desde 1990, por causa do processo de liberalização financeira externa, iniciado ainda no governo Sarney. O excesso de liquidez internacional provocado pela desaceleração mundial em 1990-1992 também favoreceu o fluxo de capitais.

A adesão ao Consenso de Washington, portanto, não foi apenas a aceitação de uma condicionalidade "técnica" referente à renegociação da dívida externa, mas, muito além disso, representou a opção de um projeto de longo prazo que, além de uma política de estabilização, abrangeu reformas estruturais na economia, no Estado e na forma de inserção internacional do país. O neoliberalismo tardio dos anos 90 é o que marca a nossa história recente e deixará como herança problemas estruturais que, sem uma nova opção de política de inserção internacional, sofrerão no máximo mudanças formais.

1. Os planos de estabilização: a panacéia da estabilização continua

Logo no início de seu mandato, Fernando Collor implementou um plano de estabilização que, segundo o próprio, constituía sua *única* "bala na agulha para enfrentar o tigre da inflação". O Plano Collor I, aplicado a partir de março de 1990, diagnosticava o excesso de gastos governamentais e de demanda privada como a causa do processo inflacionário.[30]

No setor interno, a inflação que em março de 1990 era de 81% foi reduzida para 10% em média no período abril-maio, subiu para 14% em média em setembro-outubro e 19% em dezembro, totalizando 1800% no ano (Cano, 2000: 234). O próprio resultado positivo no déficit público, conseguido inicialmente, foi revertido, pois em 1991 o superávit primário reduziu-se à metade do ano anterior. Do lado real, a economia entrou em forte declínio, com uma taxa de crescimento negativa em mais de 4% em 1990.

Além disso, do lado externo, o desequilíbrio nas transações correntes (déficit de quase US$ 4 bilhões) ocorreu em uma situação de financiamento não favorável (saída líquida de capitais em mais de US$ 4,7 bilhões), definindo uma situação de inviabilidade externa.

Por conta desse fracasso, em fins de janeiro de 1991 é lançado o Plano Collor II, com o congelamento por prazo indeterminado de preços e salários, a unificação das datas-base de reajustes salariais pela média real dos últimos 12 meses, com possibilidade de correções futuras, e novas medidas de aperto monetário e fiscal.

Os resultados não foram tão catastróficos como no plano anterior, mas, mesmo assim, a economia em 1991 cresceu apenas 1% e a inflação que havia passado de 12% em março para 6% no período abril-maio voltou a crescer para 22% em dezembro.

Em 1992 foi mantida a ortodoxia de redução dos gastos públicos com arrocho salarial, muito embora as contas externas tenham obtido um alívio. A recessão do período 90-91, em conjunto com a desvalorização cambial acumulada desde janeiro de

---

[30] A análise minuciosa das medidas e de seus efeitos pode ser encontrada em Cano (2000) e Filgueiras (2000).

1990, colocou um freio nas importações,[31] ao mesmo tempo em que as exportações cresceram de maneira razoável. Assim, o saldo comercial positivo (US$ 15,3 bilhões em 1992) foi suficiente para reverter o déficit em transações correntes observado no ano anterior. Além disso, o forte ingresso de capital externo, com origem no grande diferencial dos juros internos em relação aos internacionais, no processo de abertura financeira já em andamento, e na renegociação da dívida externa, ajudou no desafogo das contas externas.

No ano seguinte, foi alterada a política salarial quando foram aumentados os níveis reajustáveis para salários privados e encurtados os prazos de reajuste para os salários do governo. O que se observa, entretanto, é que no período 1991-93, após sua abrupta redução, o processo inflacionário voltou a se estabelecer.

Após o "interregno" Itamar, a implementação da concepção neoliberal de desenvolvimento foi acelerada, mas para isso era preciso antes cumprir as metas de estabilização macroeconômica para que o capital externo, já atraído pelo diferencial de juros e pelo processo de liberalização financeira, continuasse financiando as contas externas. Esse é o papel primordial que cumpriria o Plano Real.

2. Embasamento teórico e implementação do Plano Real

É possível perceber a origem do Plano Real, ao menos no que se refere a sua concepção teórica original, no debate a respeito das

---

[31] O valor total das importações não caiu tanto assim (de US$ 21 bilhões em 1991 para US$ 20,6 bilhões em 1992), mas esses fatores contribuíram para que a explosão das importações, dado o radical processo de abertura comercial já implantado, fosse retardada momentaneamente.

causas da inflação no Brasil na década de 80. Naquele debate, eram separados os fatores que aceleravam a inflação daqueles que mantinham a tendência inflacionária. Nesse sentido, os componentes essenciais do processo inflacionário seriam dois. Os choques de oferta e/ou demanda, definidos por impulsos que perturbam periodicamente o ritmo de elevação dos preços, considerados como causas primárias, ou fatores aceleradores da inflação. Em segundo lugar, tem-se o resíduo inflacionário não explicado por choques, em que a taxa de inflação passada tende a se refletir na taxa de inflação presente, o que lhe forneceria uma dinâmica de auto-alimentação e justamente por isso recebeu o nome de inércia inflacionária.

O componente inercial seria determinado pelos mecanismos mais institucionais de indexação formal e, principalmente, pela capacidade que os agentes econômicos teriam de recompor seus picos de renda real, ao repassar o aumento de custos para os preços, mantendo suas respectivas participações relativas na renda, o que definiria um conflito distributivo. Como os reajustes de preços não são sincronizados no tempo, cada reajuste específico procura levar em consideração os outros e assim sucessivamente, definindo um processo de repasse geral aos preços das modificações de custos.

A partir do diagnóstico da inflação inercial, as propostas de política de estabilização seguem o "paradigma da hiperinflação". Segundo este, em um processo hiperinflacionário, os reajustes de preços se tornam cada vez mais simultâneos. No limite, a simultaneidade dos reajustes leva ao final do conflito distributivo e, portanto, ao término da inflação inercial. Dentro deste paradigma surgiram duas propostas. A primeira foi a do Choque Heterodoxo (Lopes, 1986), composto por um congelamento geral de preços, salários e da taxa de câmbio, e por uma reforma monetária, com o objetivo de sincronizar os reajustes e equilibrar os preços relativos, o que apagaria a memória (inércia) inflacionária. Além disso, seriam liberadas as políticas monetária e fiscal como forma de garantir o combate a possíveis novos choques. Essa proposta foi o embasamento teórico do Plano Cruzado, aplicado em 1986.

A segunda proposta foi a da Moeda Indexada (Resende, 1985), segundo a qual a implementação do choque heterodoxo apresentaria dificuldades. Como não existe sincronia perfeita nos reajustes de preços, um congelamento abrupto deixaria os preços relativos desequilibrados, isto é, alguns deles ficariam abaixo de seus valores reais médios e outros acima. Em outras palavras, ocorreria uma espécie de congelamento do conflito distributivo, sem resolvê-lo, e os agentes seriam obrigados a desistir de melhorar suas respectivas posições relativas.

Como alternativa, propunha-se a introdução de uma moeda indexada periodicamente pelo governo, de forma tal que a moeda circulasse paralelamente à moeda oficial, com a vantagem de que a primeira estaria defendida do imposto inflacionário. Em termos práticos, o que ocorre é a retirada das funções unidade de conta e reserva de valor da moeda oficial, mas se mantém a circulação paralela para obter a credibilidade da nova moeda. Quando isto fosse conseguido, operar-se-ia a troca das moedas, inclusive na função de meio circulante. O argumento é bastante simples. A moeda indexada diariamente e a conversão de todos os contratos para a nova moeda levam à indexação total e instantânea da economia. Essa superindexação provocaria o fim do conflito distributivo e, portanto, da inflação inercial. Para que isso levasse à estabilização, as causas consideradas primárias (déficit público e política monetária frouxa) deveriam estar sob controle, de forma que a inflação fosse essencialmente inercial. Essa proposta é a base teórica do Plano Real.

Não é apenas o embasamento teórico que origina os laços

familiares entre os dois planos de estabilização (Cruzado e Real). Segundo Filgueiras (2000: 100), a formulação do Plano Real teria aprendido com a experiência do Cruzado em quatro sentidos: (i) a inflação não seria apenas inercial e a fragilidade financeira do Estado constituir-se-ia em um dos componentes fundamentais; (ii) a passagem *abrupta* de preços e salários para a nova moeda traria consigo as pressões inflacionárias da velha moeda (sancionamento de desalinhamento prévio dos preços relativos); (iii) com a redução da inflação, o consumo tenderia a se elevar e ocorreria um processo de remonetização, dada a elevação dos encaixes reais, o que definiria a necessidade de controle da política monetária; e (iv) o salário real médio poderia crescer e pressionar o consumo no curto prazo.

O Plano Real foi lançado em três etapas. Inicialmente, na virada de 1993 para 1994, apresentou-se o Plano de Ação Imediata (PAI) com o objetivo de promover o equilíbrio fiscal operacional e garantir a premissa de uma inflação essencialmente inercial. Controlado o déficit operacional, o que restasse, isto é, o déficit nominal residual, seria muito mais uma questão monetária que fiscal. O PAI gerou cortes profundos na proposta orçamentária de 1994, com a "esterilização" de 20% das destinações orçamentárias, no que ficou conhecido como Fundo Social de Emergência (FSE). Talvez porque o termo "social" soasse irônico em demasia, mais tarde o FSE transformou-se em Fundo de Estabilização Fiscal (FEF).

Em 01/03/1994 é introduzida a Unidade Real de Valor (URV) como uma nova unidade de conta. O objetivo era promover a superindexação da economia através dessa unidade,[32] como reajuste

---

[32] "Na prática, o programa estimulou a aceleração dos preços e, em seguida, ampliou e intensificou sua 'inércia': a média mensal da alta dos preços passou de 33% no terceiro trimestre de 1993, para 36% no quarto, subindo de 42% para 46% entre janeiro e junho de 1994" (Cano, 2000: 237).

diário controlado pelo governo, sempre em paridade com o dólar. Por isso, além de unidade de conta, a URV passou a ser encarada como uma reserva de valor pelos agentes. Dessa forma, embora a conversão dos contratos para a URV fosse opcional, com exceção dos salários que tinham a obrigatoriedade de conversão pelo salário real médio do quadrimestre anterior, os agentes econômicos foram convertendo seus contratos para URV. A superindexação controlada pelo governo garantiu o realinhamento dos preços relativos e o fim do conflito distributivo, sem necessidade de congelamento.

Em 01/07/1994, transformou-se a URV em meio circulante, com a denominação de "Real", na proporção de 1 URV para 1 R$, equivalendo a CR$ 2.750 (moeda antiga). Além do mais, a taxa de câmbio foi determinada inicialmente com um limite superior de R$ 1 para cada dólar, mas sem fixação de um nível inferior, definindo um regime de bandas cambiais assimétricas. Em março do ano seguinte, optou-se por um regime puro de bandas cambiais com o estabelecimento de limites superior e inferior. Dentro desse intervalo, a taxa de câmbio flutuaria de acordo com as oscilações de mercado; além dele, o Banco Central interviria para manter a flutuação dentro das bandas, vendendo dólares quando a cotação se aproximasse do teto, e comprando na situação inversa. Na prática, o que ocorreu é que mesmo dentro das bandas, o Banco Central atuou no mercado cambial de forma a garantir uma determinada cotação favorável para determinada conjuntura.[33]

---

[33] Neste ponto, não é feita uma análise da administração da política econômica nem do manejo dos instrumentos de política, durante as sucessivas conjunturas que se apresentaram nos tempos de vigência do Plano Real. Isto será feito no próximo capítulo, na medida em que se entende que as restrições enfrentadas pelo país estão subordinadas ao quadro estrutural que se formou ao longo da década.

Essa atuação do Banco Central só poderia ser efetivada se houvesse um nível de reservas internacionais que lhe permitisse intervir no mercado de divisas. Como os capitais externos já vinham entrando no país antes da efetivação do Plano Real, por conta dos diferenciais de juros, da abertura financeira e das condições externas favoráveis, formou-se o chamado "colchão de reservas". As reservas internacionais atingiram US$ 32,2 bilhões no final de 1993 e US$ 38,8 bilhões ao final do ano seguinte. Essa entrada de dólares é que propiciou a determinação das bandas de forma a manter o câmbio sobrevalorizado em relação ao dólar.

O gráfico 1 identifica nitidamente três períodos distintos para a taxa de câmbio efetiva na década de 90. O primeiro período corresponde à fase dos planos de estabilização do governo Collor, no qual ocorreu uma substancial desvalorização cambial. O segundo período, iniciado em outubro de 1992 e extendendo-se até o final de 1998, apresenta uma forte valorização do câmbio efetivo. Como o estabelecimento das bandas cambiais só é iniciado em julho de 1994, a responsabilização da âncora cambial no processo de sobrevalorização deve ser relativizada, pois esta já é nítida desde 1992. Não é mera coincidência que é justamente nesse ano que a conta de capital no balanço de pagamentos se torna positiva. Se em 1991 essa conta foi deficitária em US$ 1,4 bilhão, no ano seguinte o saldo positivo correspondeu a US$ 6,1 bilhões. Isto não é nada mais que o reflexo da forte entrada de capitais que se inicia por conta do processo de abertura financeira, em conjunto com as altas taxas domésticas de juros. O terceiro período de forte desvalorização cambial reflete a crise cambial de janeiro de 1999.

O papel da política cambial no Plano Real, em seu primeiro momento, antes da crise de janeiro de 1999, foi duplo. Por um lado, a âncora cambial definida pelas bandas amparava a desaceleração dos preços das demais variáveis e, por outro lado, a sobrevalorização cambial contribuía para essa mesma desaceleração, uma vez que os produtos importados ficavam mais baratos para o mercado interno. Isso provocava a concorrência dos importados com os produtos nacionais, potencializando o efeito da abertura comercial, levando à redução dos preços internos, pelo menos para aqueles setores que sofreram essa concorrência externa. Além disso, a sobrevalorização era um meio de conter a demanda agregada, uma vez que nossos produtos ficavam mais caros para os compradores internacionais. Com menos demanda, os preços tendem a cair.

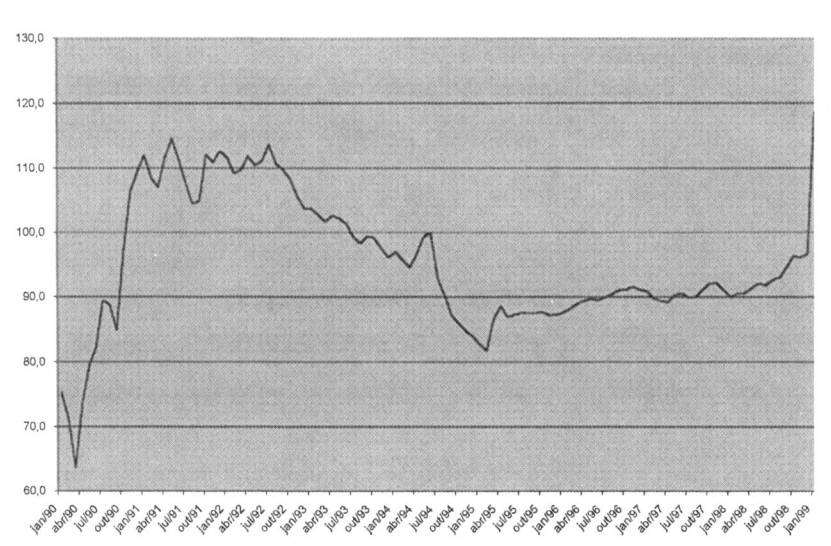

Gráfico 1 – Evolução da taxa de câmbio efetiva* (1990-1999)

* Leva em consideração o IPA e a inflação dos principais parceiros comerciais do país.
Fonte: IPEADATA.

Tabela 8 – Variação anual dos preços em % (1990-1999)

Ano	IGP-DI	IPA-DI	IPC-DI	IPC-FIPE	ICV
1990	2739,7	2734,7	2938,1	2902,4	3256,8
1991	414,7	404,7	440,8	410,6	458,7
1992	991,4	976,9	998	965,2	980,7
1993	2103,7	2065,4	2169,6	1920,4	2054,8
1994	2406,8	2279	2668,5	2502,5	2782,4
1995	67,5	58,8	81,6	76,8	102,4
1996	9,34	8,09	11,34	10,04	13,18
1997	7,48	7,78	7,21	4,83	6,11
1998	1,7	1,51	1,66	-1,79	0,47
1999	19,98	28,9	9,12	8,64	9,57

Fonte: FGV, FIPE e DIEESE, apud Filgueiras (2000: 155) e Conjuntura Econômica para 1999.

Fazendo uma avaliação que leve em conta os objetivos propostos pelos próprios programas de estabilização macroeconômica, isto é, a redução e o controle da inflação e do déficit público, vê-se que no balanço da década obteve-se um relativo sucesso. No tocante ao combate à inflação, a tabela 8 mostra que, dos planos de estabilização da fase pré-Real, a redução da inflação só foi observada no início da década, entre 1990 e 1991, e mesmo assim por pouco tempo. O controle inflacionário só foi obtido depois de 1994, com a implantação do Plano Real.

Tabela 9 – Déficit público em % do PIB (1990-2000)*

Conceito / Ano	Primário	Operacional	Nominal
1990	-4,60	-1,30	29,6
1991	-2,85	-1,35	23,3
1992	-2,26	2,16	43,1
1993	-2,67	-0,25	59,1
1994	-5,29	-1,37	45,5
1995	-0,36	4,88	7,2
1996	0,09	3,75	5,9
1997	0,92	3,2	5,0
1998	-0,01	7,54	8,0
1999	-3,07	3,25	9,5
2000	-3,56	2,70	4,5

* Os valores negativos indicam superávit.
Fonte: Conjuntura Econômica

Quanto ao déficit público, pela tabela 9, observa-se que a obtenção de saldos positivos no conceito primário durante toda a década, excluindo 1996 e 1997, só redundaram em superávits operacionais até 1994, com exceção de 1992. Após esse período, coincidindo com a fase pós-Real, os déficits operacionais foram sempre substanciais, chegando a representar 7,5% do PIB em 1998. A comparação dos resultados nominais com os operacionais mostra que a substancial redução dos déficits no primeiro conceito se deve à abrupta redução da inflação, conseguida pelo Plano Real, o que não garantiu melhores resultados no conceito operacional. Sendo assim, do ponto de vista do déficit público, parece que o discurso oficial inerente ao Plano Real, segundo o qual a implementação de um ajuste fiscal conseqüente tornaria o déficit nominal uma questão monetária, fez parte apenas do discurso. Isto em que pese todo o esforço na obtenção de saldos positivos no conceito primário.

Antes de conseguir a redução da inflação com o Plano Real, as reformas neoliberais de abertura externa, tanto comercial quanto financeira, já vinham sendo implantadas desde o início da década.

3. O processo de abertura comercial

Durante a década de 80, as restrições impostas ao ingresso de produtos importados eram variadas. As restrições tarifárias incluíam tanto o valor elevado das tarifas de importação quanto a imposição de sobretaxas sobre essas tarifas. Do lado das barreiras não-tarifárias destacavam-se o estabelecimento da necessidade de financiamento externo para operações de importação de bens de capital, a exigência de anuência prévia de órgãos da administração federal para a importação de alguns produtos específicos e a obrigatoriedade de criação de um programa anual de importação por empresa.

Entretanto, um dos instrumentos não-tarifários mais importantes da década de 80 talvez tenha sido a proibição de aquisição externa de vários produtos incluídos no chamado Anexo C. Este era constituído por uma extensa lista com cerca de 1300 produtos com guias de importação suspensas, exceção feita para os casos realizados sob *draw back* e com acordos internacionais. Esse instrumento funcionava de forma tal que, quando as contas externas (comercial e de transações correntes) se mostravam desfavoráveis, o número de produtos incluídos na lista era aumentado. Assim, enquanto 19,8% dos produtos se encontrava no Anexo C em 1980, em 1981, 1982 e 1983 esse percentual cresceu respectivamente para 25,1%, 30,6% e 40%. Em 1987, dados os problemas externos, esse percentual atingiu 29,6%, quando em 1985-86 ele já havia sido reduzido para apenas 17,3% (Barros et al., 1996: 07).

O processo de abertura comercial no Brasil teve início ainda no biênio 1988-89. Em julho de 1988 foi implementada uma reforma tarifária que visou aproximar as tarifas legais de importação das efetivas, ao suprimir parte dos regimes especiais de importação. Além disso, foram eliminadas algumas sobretaxas importantes, como o IOF de 25% sobre operações de câmbio para importação e a taxa de melhoramento de portos equivalente a 3%. No ano seguinte, uma reforma tarifária reduziu as alíquotas de importação de bens intermediários e de capital.

Assim, o biênio 1988-89 pode ser considerado o início do processo de abertura comercial, mesmo antes do governo Collor, por conta da diminuição da redundância tarifária média de 41,2% para 17,8%, de uma pequena alteração na estrutura tarifária, da abolição da maior parte dos regimes especiais de importação e da unificação do grau de proteção tarifária da indústria local. Sob este último aspecto, Fritsch e Franco (1992: 68) ressaltam que a tarifa média foi reduzida de 51,2% em 1988 para 37,4% no ano seguinte, enquanto que a tarifa modal reduziu-se de 30% para 20% no mesmo período, e a amplitude tarifária passou de 0-105% para 0-85%. Em outras palavras, duas das principais características de um processo de abertura comercial já foram observadas nesse biênio: (i) redução da tarifa média sobre importações; e (ii) diminuição da dispersão tarifária.[34]

Com a posse do governo Collor em 1990, o processo de abertura comercial foi acelerado. Os elementos centrais na alteração desse processo foram três. Em primeiro lugar, foram revogadas a isenção e a redução tributária contempladas nos regimes especiais de importação que ainda existiam. Em segundo lugar, foram extintas as restrições quantitativas às importações, reconstituindo-se a tarifa aduaneira como instrumento básico de proteção. Finalmente, teve início a implantação progressiva de uma reforma tributária, no sentido de uma maior redução das alíquotas e da dispersão tarifária.

Na verdade, a política de comércio exterior do governo Collor ficou inteiramente subordinada à "nova" política industrial, proposta pelo governo no documento PICE (Diretrizes Gerais para a Política Industrial e de Comércio Exterior) de 26/06/1990.[35] A concepção que norteava o documento era a da redução progressiva dos níveis de proteção com a redução das tarifas e a eliminação da distribuição indiscriminada de incentivos e subsídios, de forma a fortalecer os

---

[34] Isto em que pesem os apelos de Oliveira (1993: 13-14) para caracterizar esse período como uma racionalização tarifária, ao invés de uma liberalização comercial.

[35] Guimarães (1995) faz uma análise da subordinação da política de comércio exterior do governo Collor à política industrial, de caráter explicitamente neoliberal, proposta pela PICE.

mecanismos de concorrência e mercado. A exposição da indústria à competição internacional asseguraria ainda o incentivo ao aumento da produtividade e qualidade dos produtos locais. Foi sob essas diretrizes que se deu a seqüência da abertura comercial no governo Collor, posteriormente intensificada nos governos seguintes.

Já em seu primeiro dia de governo, Collor introduziu uma legislação que revogava todas as isenções e reduções de imposto de importação e de IPI sobre importações, exceção feita aos casos de *draw back*, de bens de informática, de Zona Franca de Manaus, e às Zonas de Processamento de Exportação, mais tarde extintas. Em seguida, foram revogadas as listas de bens com importações suspensas (Anexo C), e as exigências de apresentação de programas de importação, de anuência prévia de órgãos da administração federal para importação (exceção à informática) e de financiamento externo para as importações de bens de capital com cobertura cambial.

A reforma tarifária, por sua vez, abrangeu a redução em junho de 1990 das alíquotas relativas ao complexo têxtil, insumos e máquinas agrícolas, insumos químicos e bens de capital sem produção nacional,[36] e a elaboração de um cronograma de reduções tarifárias até 1994, conforme a tabela 10, cronograma este que foi antecipado em fevereiro de 1992.

Tabela 10 – Cronograma de reduções tarifárias

Cronograma inicial	1990	15/02/91	01/01/92	01/01/93	01/01/94
Cronograma antecipado*	1990	15/02/91	01/01/92	01/10/92	01/07/93
Média da tarifa (%)	32,2	25,3	21,2	17,1	14,2
Moda (%)	40	20	20	20	20
Desvio padrão (%)	19,6	17,24	14,2	10,7	7,9

* Cronograma revisto em fevereiro de 1992.
Fonte: Guimarães (1995: 09).

---

[36] As portarias MEFP 363/90 e 126/91 redefiniram o conceito de bens de capital de fabricação nacional, admitindo-se um índice de nacionalização de 70% – posteriormente de 60% – para efeito de benefícios fiscais, financiamento oficial e compra por órgãos públicos (Guimarães, 1995).

A política de promoção de exportações, por seu lado, foi menos agressiva. A lei 8.187/91 reativou o mecanismo de crédito através de autorização ao Tesouro Nacional, para pactuar encargos financeiros inferiores ao respectivo custo de captação do PROEX (Programa de Financiamento às Exportações), ao mesmo tempo em que concedeu ao financiador o estímulo equivalente à cobertura da diferença entre os encargos pactuados com o tomador e o custo de captação de recursos. Já a lei 8.402/92 ampliou o mecanismo de *draw back* e reafirmou os incentivos fiscais a exportações do final dos anos 80.

Em 1994 a política comercial sofreu algumas modificações, mas no sentido de aprofundar o processo de abertura comercial. Foram reduzidas novamente as alíquotas de importação, em alguns casos para zero ou 2%, sobretudo para bens de consumo com peso significativo nos índices de preço. Adicionalmente, foi antecipada para setembro de 1994 a entrada em vigor da TEC.[37] A tabela 11 mostra que o resultado para a efetiva[38] foi o aprofundamento da liberalização (redução da tarifa e de sua dispersão).

---

[37] Em março de 1991 foi assinado o Tratado de Assunção, que deu origem ao Mercosul. Estava programada para janeiro de 1995 a vigência de uma Tarifa Externa Comum de 20% e uma tarifa modal de 14%. Estabeleceu-se também uma *lista de exceções* por país, a ser extinguida em 2006 (Cano, 2000: 246).

[38] A proteção efetiva é definida como o aumento percentual no valor adicionado doméstico proporcionado pela estrutura de proteção tarifária e não-tarifária relativamente ao valor adicionado obtido em situação de livre comércio.

Tabela 11 – Tarifa efetiva e TEC (%)

	Julho/93	Dezembro/94	Dezembro/95	TEC-2006[1]
Média simples	18,9	14,4	23,4	15,3
Média ponderada[2]	14,5	12,3	12,9	15,4
Mediana	15,1	11,3	14,6	14,4
Mínima[3]	-2,0	-1,9	-1,9	-1,7
Máxima[4]	129,8	44,6	270,9	53,1
Desvio padrão	21,7	9,7	45,9	9,2

1. Ano de plena vigência sem a lista de exceções.
2. Com base no valor adicionado.
3. Referente à extração de petróleo e carvão.
4. Referente a automóveis, caminhões e ônibus.
Fonte: Kume (1996: 09).

A tabela 11, entretanto, também mostra que 1995 foi um ano de aparente recuo na liberalização das importações, notadamente no que diz respeito à dispersão tarifária. De fato, os efeitos da crise mexicana de dezembro de 1994, o problema em nossas contas externas e pressões protecionistas de alguns setores fizeram com que o governo impusesse algumas "restrições às importações através de aumentos nas tarifas de um grupo de produtos selecionados e da utilização pontual de restrições não-tarifárias, cuja aplicação tinha sido eliminada em março de 1990" (Kume, 1996: 05).

Contudo, antes de representar uma alteração na concepção da política comercial, essas medidas representam apenas ajustes pontuais em resposta a certas conjunturas adversas nas contas externas. Reconhecendo isso, um importante membro do governo Fernando Henrique reafirma o compromisso do governo com a abertura quando diz que: "o Brasil está à vontade para aproximar-se com cautela da ALCA e das tentativas de apressar sua implementação. Não tem motivo para nenhum complexo de inferioridade em matéria de liberalismo comercial, pois, nesta década, realizou um dos mais rápidos, drásticos e maciços processos de abertura de que se tem registro em países mais industrializados" (Serra, 1998: 20).

Esse processo de abertura comercial teve impactos profundos sobre a estrutura da economia brasileira nos anos 90. Em primeiro lugar, a abertura comercial, em conjunto com a sobrevalorização cambial, provocou um enorme crescimento das importações, que se traduziu em vultosos déficits comerciais. O total de importações em 1989 chegou a US$ 18,3 bilhões, passando para US$ 21 bilhões em 1991, US$ 33 bilhões em 1994, atingindo US$ 61,4 bilhões em 1997. Por sua vez, o superávit comercial de US$ 16 bilhões em 1989 caiu para US$ 10,4 bilhões em 1994, e transformou-se em um déficit que percorreu todo o período 1994-2000. Em 1997, esse déficit totalizou US$ 8,4 bilhões.

Deve-se ressaltar também a modificação na composição desse valor total de importações para a década de 90: "destaque-se, ainda, que o incremento do *quantum* importado foi ainda mais expressivo (23% ao ano), haja vista que os preços de importação caíram de forma quase ininterrupta nesse período" (Markwald, 2001: 15).

Outro efeito importante da abertura comercial foi o crescimento dos coeficientes de importação e exportação. O coeficiente de exportação da indústria (exportações sobre consumo aparente) passou de 9,1% em 1990 para 13,7% em 2000. Entretanto, esse crescimento foi muito inferior ao do coeficiente de importação.

A tabela 12 mostra o coeficiente de penetração das importações entre 1990 e 2000 para a indústria total e sua composição por macrocomplexos. Percebe-se claramente que o coeficiente de importações da indústria passou de 6,4% em 1990 para 14,6% em 2000, um crescimento bem maior que o do coeficiente de exportações. Por macrocomplexos, destacaram-se nesse sentido o metal-mecânico (que inclui o setor de máquinas e equipamentos) e o têxtil. Especificamente no que se refere ao setor bens de capital, esse coeficiente passou de 13,5% em 1991 para 57,6% em 2000 (Markwald, 2001: 10)!

Tabela 12 – Coeficiente de penetração das importações[1] (1999-2000)

Macro-complexo	Construção	Metal-mecânico	Têxtil	Agro-indústria	Química	Total[2]
1990	2,5	6,6	2,3	3,0	10,4	6,4
1991	2,9	8,8	3,2	3,4	10,6	7,3
1992	2,5	9,0	3,5	2,8	9,6	7,1
1993	2,4	10,3	6,5	3,6	10,2	8,1
1994	3,0	13,9	8,4	4,8	11,8	10,3
1995	4,1	18,8	13,2	7,1	14,8	13,8
1996	4,1	19,2	14,1	6,1	15,8	13,9
1997	4,4	23,3	16,6	7,1	15,7	15,8
1998	4,3	27,0	15,4	7,3	14,6	16,3
1999	3,8	24,9	12,2	5,4	13,3	14,3
2000	4,2	24,4	13,6	5,1	13,9	14,6

1. Importações sobre consumo aparente, com base no câmbio real de 2000.
2. Média da indústria.
Fonte: FUNCEX, apud Markwald (2001: 18).

Por outro lado, Laplane et al. (2000: 78) revelam que esse efeito da abertura comercial se deu de forma mais intensa nas empresas de capital estrangeiro do que nas empresas de capital nacional. O coeficiente de exportação das empresas estrangeiras passou de 9,6% em 1989 para 10,8% em 1997, enquanto que o de importação subiu de 3,9% para 9%. Embora o mesmo processo tenha ocorrido nas empresas nacionais, ele não foi tão intenso. O coeficiente de exportação passou de 6,6% em 1989 para 8% em 1997 e o de importação de 2,5% em 1989 para 5,3% em 1997.

O que ocorreu, na verdade, foi uma mudança estrutural na economia brasileira durante os anos 90. O processo de abertura comercial, em conjunto com a valorização cambial, levou a um brutal crescimento das importações não acompanhado pelas exportações. Como não se tratou de algo meramente conjuntural, a demanda tendeu a se deslocar dos produtos domésticos para os produtos importados, elevando a propensão a importar da economia. Notadamente, o avanço desse efeito rumo aos setores intermediários de produção provocou um verdadeiro *processo de desubstituição de importações*.[39]

4. Liberalização da conta de capital e abertura financeira

O processo de abertura financeira, implementado no Brasil a partir da virada dos anos 80 para os 90, possui uma especificidade em relação a outros países latino-americanos. Essa especificidade encontra-se na proibição de depósitos e empréstimos em moeda estrangeira, tanto para residentes quanto para não-residentes, no sistema bancário local. Dessa forma, mesmo com o avanço da abertura em relação às transações de entrada e saída, no que diz respeito à conversibilidade entre moedas, só são permitidas transações com títulos públicos indexados ao câmbio e créditos com correção cambial. Nesse sentido, a liberalização financeira brasileira na década de 90 foi menos intensa que na Argentina e no México. Mesmo assim, o grau de abertura financeira cresceu consideravelmente no período.

---

[39] Quanto ao coeficiente de importações, "para o total da indústria, atingiu-se, em 1995, níveis similares àqueles prevalecentes no período pré-II PND (1968-73) ou no período pré-Plano de Metas" (Moreira e Correa, 1997: 74).

a) Processo de desregulamentação do mercado financeiro interno

A desregulamentação financeira interna teve início com a reforma bancária de 1988 que, através da Resolução 1524/88 do Banco Central, autorizou a formação de bancos universais (múltiplos). A lei também extinguiu a carta-patente, instrumento através do qual era autorizado o funcionamento de novas instituições financeiras. Na prática, a reforma significou um reconhecimento institucional a algo já praticado.

Em 1991 é apresentado o Plano Diretor para o Mercado de Capitais, que foi parcialmente implementado em 1993. Esse plano modificou a lei das Sociedades Anônimas (S.A.) e criou novos mecanismos e fundos (para investimento em títulos com correção cambial, por exemplo) com o intuito de flexibilizar a captação de poupança interna e externa.

A criação de novos mecanismos de captação de recursos está intimamente ligada ao crescimento da dívida pública e ao crescimento do mercado de títulos em maior proporção que o de crédito bancário. Com as altas taxas de juros oferecidas pelos títulos públicos federais, ocorreu uma reestruturação dos ativos das instituições financeiras, de forma que cresceu a parcela decorrente de títulos e valores mobiliários nas carteiras dessas instituições.[40] Essa parcela passou de 4,9% para 24% na carteira dos bancos públicos entre 1994 e 1998. Já no que se refere aos bancos privados, essa parcela cresceu de 8,6% em 1994 para 26,5% em 1998. Em

---

[40] "Entre 1994 e 2000 (posição de final de ano), o patrimônio líquido dos fundos cresceu mais de 240% em termos reais, passando de R$ 47 bilhões (13% do PIB) para R$ 296 bilhões (27% do PIB). Desse total, cerca de 90% referem-se a fundos de investimento financeiro, cujas características são compostas majoritariamente por títulos públicos federais (cerca de 70%)" (Andima, 2001: 42).

1999, os bancos privados nacionais tiveram 31,8% de suas receitas provenientes da aplicação nesses ativos (Andima, 2001: 34).

A década de 90 assistiu também a uma considerável evolução da indústria de fundos. Em 1995, como componente do processo de reformulação dos fundos, foram criados os Fundos de Investimento Financeiro (FIF's), regulamentados pelo Bacen e, em sua maior parte, relacionados a investimento de renda fixa. Esses fundos substituíram a estrutura anterior com multiplicidade de produtos, cada qual com normas específicas relativas a composição de carteira, prazo de aplicação e liquidez de quotas. O mais importante, entretanto, é que a flexibilização permitida na composição das carteiras dos FIF's possui poucas exceções: (i) limitação para aplicação em ações ou em quotas de fundos regulamentados pela CVM em 20% do patrimônio total; e (ii) observação das normas de diversificação de risco.

b) Abertura ao capital externo

A abertura financeira no Brasil foi iniciada no biênio 1987-1988. No que se refere à liberalização cambial, em dezembro de 1988, a criação do segmento de câmbio de taxas flutuantes foi um fato marcante. Inicialmente chamado de mercado de câmbio administrado, esse segmento absorvia as transações relativas a viagens internacionais, mas no ano seguinte ele incorporou outros tipos de transações como transferências unilaterais e uso de cartão de crédito internacional, dentre outros. Concretamente, esse segmento cambial permitiu a ampliação dos limites de operações cambiais e maiores facilidades para investimentos brasileiros no exterior (Gonçalves, 1996: 138).

Em março de 1990, foi criado o segmento de câmbio livre,

caracterizando o processo da liberalização cambial brasileira dentro de um contexto de regime de câmbio dual. O segmento de câmbio comercial foi utilizado para a balança comercial, conversão de moeda nacional para remessa e conversão de investimentos e de empréstimos no exterior.[41] A partir daí, as condições de acesso ao mercado cambial foram expandidas seja pela autorização para qualquer banco comercial operar no segmento flutuante, pela ampliação dos limites das posições comprada ou vendida dos bancos autorizados a operar no mercado de câmbio ou pela não identificação do vendedor no segmento flutuante. Este último aspecto permitiu o aumento da oferta de divisas proveniente tanto do mercado paralelo como dos depósitos brasileiros no exterior.[42] Em maio de 1991, foi autorizada a entrada direta de investidores institucionais estrangeiros no mercado acionário doméstico, livre de restrições, através do mercado de câmbio comercial.

O processo de liberalização cambial terminou por revogar a centralização cambial, estabelecida pela Resolução 1564 de 16/01/1989. Segundo esta, o pagamento de juros, lucros, dividendos e principal da dívida externa seriam feitos a critério do Banco Central. As primeiras medidas do processo de revogação da centralização cambial foram tomadas em 1991, com a liberalização dos pagamentos de juros e do principal da dívida de médio e longo prazo para os setores privado e público não-financeiro.

---

[41] A unificação dos dois segmentos, comercial e flutuante, só veio ocorrer mais tarde, precisamente a partir de fevereiro de 1999, quando o CMN autorizou a unificação das posições de câmbio dos bancos nos dois mercados (Freitas e Prates, 1998 e Prates, 1999). A medida implicou no desaparecimento do mercado flutuante que envolvia transações que necessitavam de autorização do Banco Central. A unificação do câmbio aumentou a conversibilidade e, portanto, a liberdade da conta de capital.

[42] "Criou-se, assim, um mecanismo formal que funciona como uma 'ponte' tanto para o mercado paralelo como para o retorno de capitais brasileiros no exterior. Com esse mecanismo, passa a haver uma mobilidade (quase completa) entre o mercado paralelo e o sistema oficial de câmbio" (Gonçalves, 1996: 139).

Outro mecanismo que manifesta uma maior liberdade cambial se encontra na permissão de operações com moeda nacional por parte dos não-residentes. A Carta Circular n. 5 do Banco Central do Brasil (Bacen), de 27/02/1969, já permitia a existência das contas de não-residentes (chamadas contas CC-5). Entretanto, a Resolução n. 1946, de 29/07/1992, e a Carta Circular n. 2242, de 07/10/1992, ampliaram sua abrangência ao incluir as instituições financeiras em seu escopo, desobrigando-as de autorização para movimentar suas contas. Em suma, esse mecanismo ampliou a liberdade na movimentação de capital e, portanto, elevou o grau de conversibilidade cambial no país. Já no início de 1992, o Banco Central havia permitido a livre conversibilidade dos depósitos denominados em moeda nacional em contas de instituições financeiras não-residentes, potencializando ainda mais os mecanismos próprios do segmento de câmbio flutuante.

As contas CC-5 deram acesso ao mercado financeiro brasileiro mediante as contas de não-residentes do mercado de câmbio flutuante e não estavam sujeitas a restrições de tipo de aplicação, constituindo-se assim no principal canal de entrada de *hot money*. Se possuiam maior risco cambial, apresentaram, em compensação, grande rentabilidade no diferencial das taxas de juros domésticas em relação às internacionais (Freitas e Prates, 1998).

Do ponto de vista da captação de recursos externos, o processo de liberalização financeira no Brasil dos anos 90 teve duas características: (i) expansão brutal do lançamento de títulos em moeda estrangeira por parte de empresas brasileiras (bônus, *commercial papers* etc.); e (ii) forte entrada de investidores estrangeiros no mercado de capitais brasileiro, a partir de maio de 1991. Esses recursos externos se aproveitaram em muito do enorme diferencial entre as taxas domésticas de juros e as internacionais, além do que as alterações na regulamentação e no marco regulatório também caracterizaram o processo de liberalização financeira que permitiu a volta do país ao circuito financeiro internacional.

Como exemplo dessas alterações, deve-se citar a Resolução 1743/90, que permitiu a emissão de *commercial papers* por empresas brasileiras, as resoluções 1809 (substituída pela 2770/2000), 1834 e 1848, todas de 1991, que autorizaram a emissão de outros instrumentos de dívida no mercado financeiro internacional (Certificados de Depósito, *Export Securities*, e títulos – ADRs – e debêntures conversíveis em ações), e a Resolução 1847/91, que isentou do imposto de renda os juros e os demais custos associados à colocação de papéis no exterior, para transações com um prazo superior a 2 anos. Em 1992, a Resolução 1972 regulamentou os investimentos estrangeiros no país através dos certificados representativos de ações e outros valores mobiliários de empresas emitidos e negociados nos EUA (ADR's) e outros mercados (GDR's).[43]

No tocante à liberalização das transações de entrada, destaca-se ainda a abertura do mercado financeiro nacional aos investidores estrangeiros conforme as várias modalidades de investimento de portfolio. Neste ponto, ainda em 1987, a Resolução 1289 estabeleceu a regulamentação que disciplinava as Sociedades de Investimento – Capital Estrangeiro (Anexo I), os Fundos de Investimento – Capital Estrangeiro (FICE – Anexo II) e as Carteiras de Títulos de Valores Mobiliários – Capital Estrangeiro (CTVM – Anexo III). O Anexo I tinha como finalidade a orientação dos recursos ingressados na aplicação em carteira diversificada de títulos e valores mobiliários. O Anexo II, por sua vez, dizia respeito aos recursos sob a forma de fundo aberto com as quotas adquiridas apenas por

---

[43] Esta modalidade de investimento de portfolio também é conhecida como Regulamento Anexo V à Resolução 1289 de 20/03/1987.

estrangeiros. Assim, enquanto os Anexos I e II regulamentavam o investimento de portfolio com instituições financeiras constituídas no país, o Anexo III regulamentava o investimento de portfolio através de carteiras de valores mobiliários mantidas e com quotas negociadas no exterior.

Em março de 1991 é criado pelo Conselho Monetário Nacional (CMN), através da Resolução 1832, o Anexo IV à Resolução 1.289/1987, regulamentando as carteiras de valores mobiliários de companhias abertas por investidores institucionais estrangeiros. Diferentemente das outras modalidades, o Anexo IV não incluía requerimentos de diversificação e de capital inicial, possuía duração indeterminada e estabelecia isenção de tributação sobre ganhos de capital. Além disso, "esse Anexo acabou absorvendo o Anexo III (...) e tornou-se a principal modalidade de entrada de capital estrangeiro nas bolsas de valores domésticas a partir de então (...) sua instituição significou a flexibilização dos canais de investimento de portfolio estrangeiro nas bolsas de valores domésticas" (Prates, 1997: 114).

Mais recentemente, no biênio 1999-2000, o marco regulatório foi alterado no sentido de atualizar e simplificar as aplicações de não-residentes nos mercados domésticos financeiro e de capitais. Ao mesmo tempo em que a Resolução 2689 de 26/01/2000 indicava a extinção dos Anexos I e II, ela estabeleceu uma data limite para adaptação dos recursos ingressados pelo Anexo IV às novas disposições e possibilitou a transferência dos recursos ingressados sob o Anexo V à nova sistemática.

Na prática, com a nova regulamentação, o capital externo de portfolio não precisa mais declarar o tipo de aplicação que pretende fazer. Com isso, os investidores podem transferir seus recursos no país de uma aplicação para outra sem restrição. Assim, o novo marco regulatório não representou uma redução do grau de abertura financeira, mas, ao contrário, no sentido de simplificar a regulamentação sobre o investimento externo de portfolio, significou a reafirmação do compromisso do país com a liberalização do fluxo de capital externo.

Segundo Gonçalves (1999b: 104), o processo de abertura financeira não pode ser separado da liberalização do investimento direto estrangeiro. Dentre os mecanismos que facilitaram o movimento desse tipo de capital externo, o autor cita a possibilidade de lançamento de títulos no mercado internacional, o uso das contas de não-residentes em moeda estrangeira (CC-5), a permissão para pagamento por tecnologia entre filial e matriz, e a criação dos fundos de privatização para capital estrangeiro.

Esse capital externo, sob a forma de investimento direto estrangeiro,[44] também se beneficiou do aumento na conversibilidade da conta corrente na medida em que este, além da liberalização do movimento do investimento de portfolio, incluiu a simplificação dos procedimentos para remessa de lucros e dividendos e a eliminação do imposto de renda suplementar para essas remessas, e a redução do imposto de renda delas de 25% para 15% nos anos de 1991 e 1992. Isto, na prática, segundo Freitas (1996), igualou o capital estrangeiro ao capital nacional.[45]

---

[44] O Bacen considerava, em 1997, o capital externo sob a forma de investimento direto os recursos ingressados que representavam no mínimo 10% do capital votante ou 20% do capital total, e tem como naturezas básicas o investimento em imóveis, subsidiárias e filiais, e a participação em empresas no país (Bacen, 1997).

[45] Para um estudo pormenorizado da evolução do IDE e de seus determinantes ao longo da década ver Gonçalves (1999b).

c) Impactos e modificações na estrutura do Sistema Financeiro Brasileiro

A entrada substancial de capital externo na década de 90 pode ser observada na tabela 13.

Tabela 13 – Captação bruta de recursos externos no Brasil
1991-1997 – (Composição em %)

Capital externo / Período	1991	1992	1993	1994	1995	1996	1997
Investimento direto	6,0	7,4	2,7	5,2	6,1	12,1	13,8
Investimento de Portfolio	6,5	21,7	46,1	58,0	45,9	32,4	30,1
– Anexo IV	4,1	16,7	44,7	47,7	40,9	29,1	25,0
Empréstimo em moeda	37,9	44,8	33,8	20,3	29,5	35,5	27,5
Vinculado ao comércio exterior	49,5	26,0	17,5	16,5	18,5	20,0	28,5
Total em %	100	100	100	100	100	100	100
– em US$ milhões	11.627	17.791	32.667	43.073	53.885	78.949	128.984

Fonte: Bacen, *apud* Prates (1999: 35).

No período 1991-1997, a captação bruta de recursos externos chegou a cerca de US$ 367 bilhões. Deve-se ressaltar também que, na composição desse capital externo ingressante, a parcela relativa ao investimento de portfolio cresce a partir de 1992 e, já no ano seguinte, torna-se a principal fonte de recursos externos com 46,1% do total. Desses recursos ingressados sob a forma de investimento de portfolio é de chamar a atenção a grande participação dos que ingressaram na modalidade do Anexo IV, principalmente no período 1993-95. Em 1994, por exemplo, apenas os recursos captados sob a forma do Anexo IV representaram 47,7% do total.[46]

---

[46] Em 1998, o saldo líquido da movimentação de recursos sob a forma do Anexo IV foi negativo em US$ 2,5 bilhões, já indicando o período de fuga de capitais que culminaria na crise de janeiro de 1999.

A quase totalidade do investimento de portfolio ingressou por meio do Anexo IV, sendo direcionada principalmente para a aquisição de ações de empresas estatais no amplo processo de privatização ocorrido na década.[47] Isto fez com que o mercado secundário de ações tenha sido o segmento do mercado financeiro mais atingido pela abertura financeira.

As modificações na estrutura do Sistema Financeiro Nacional (SFN) do período são nítidas no sentido de sua maior concentração, do crescimento da participação estrangeira e da diminuição das instituições públicas, principalmente as estaduais (Andima, 2001: 31). Esses foram os impactos sobre a estrutura do SFN dos processos de desregulamentação e de abertura financeiras.

No que se refere à desnacionalização do SFN, a estratégia do governo aproveitou-se de uma "brecha legal" para modificar o marco regulatório. Segundo o artigo 192 da Constituição Federal de 1988, o SFN deveria ser regulado por lei complementar, incluindo o referente às condições de participação estrangeira. Na ausência da lei, prevaleceu o artigo 52 das Disposições Constitucionais Transitórias, que vedava a instalação de novas instituições financeiras domiciliadas no exterior e o aumento do percentual da participação das já instaladas. Entretanto, isso não se aplica a autorizações que resultem de acordos internacionais ou sejam do interesse do governo brasileiro.

Aproveitando a brecha e em conformidade com o projeto implantado, considerou-se de "interesse do governo brasileiro" o aumento da participação estrangeira no SFN. Dessa forma, desde agosto de 1995, já foram lançados mais de cem decretos presi-

---

[47] O IDE também teve seu direcionamento principal para o processo de privatização, de fusão e de aquisição de empresas. Segundo dados do Bacen e do World Investment Report da UNCTAD, em 1997 essa rubrica era de 61,2% do total do IDE e em 1998 chegou a 95%!

denciais reconhecendo "tal interesse". Com a Resolução 2.815 do Conselho Monetário Nacional, revogando o artigo 17 do Anexo III à Resolução 2.099/94, o Banco Central flexibilizou a partir de janeiro de 2001 a interpretação daquela vedação constitucional, possibilitando a instituições nacionais com participação ou controle estrangeiros a instalação de novas agências, sem necessidade de autorização por decreto presidencial. A relevância dessa medida se dá porque 84% do total das instituições financeiras "estrangeiras" no país corresponde a esse tipo.

d) Administração do grau de abertura financeira

De acordo com as circunstâncias conjunturais, dadas pelos momentos de instabilidade no mercado financeiro internacional, o governo alterou os parâmetros da abertura financeira, principalmente após 1993. As variáveis de controle utilizadas foram tanto a taxação (IOF e imposto de renda, este, em geral, nulo) quanto a regulação da diversificação das aplicações.

A partir de meados de 1993, o governo implementou algumas medidas ora para restringir o fluxo líquido de capital externo, ora incentivando a entrada e saída dos recursos. O próprio discurso oficial apontava o crescimento da dívida pública e as limitações imperantes sobre a política macroeconômica como as razões para a necessidade dos ajustes no grau de abertura, especificamente para meados de 1993. Do lado das emissões de títulos no exterior, foram ampliados os prazos mínimos de amortização, e para efeito de benefício fiscal, de dois e cinco anos para três e oito respectivamente. Mais tarde, em dezembro de 1994, foi suspensa a autorização automática dessas emissões e os prazos de renovação foram alterados. Quanto à taxação, o IOF sobre emissões no exterior que era de 3% passou para 7% em outubro de 1994, foi zerado em março de 1995, elevado para 5%, cinco meses mais tarde, e novamente zerado em abril de 1997.

Para o investimento de portfolio foram proibidas as aplicações nos fundos de *commodities* no Anexo V, em setembro de 1993, e, no final do mesmo ano, foi vetada a utilização desses recursos na aquisição de valores mobiliários de renda fixa e de debêntures em operações que resultassem rendimentos predeterminados. O IOF, especificamente sobre recursos referentes ao Anexo IV, passou de 1% em outubro de 1994 para 0% em março de 1995. Cinco meses após foi proibida a aplicação desses recursos no mercado de derivativos, medida que foi anulada em abril de 1997.

Ainda em meados de 1993, no sentido contrário de outras medidas de gestão, foi aumentado o limite das posições compradas dos bancos – sem necessidade de depósito no Banco Central – de US$ 2 milhões para US$ 10 milhões. Essa medida implicou o aumento da conversibilidade da moeda e, portanto, do grau de abertura financeira. Em agosto de 1995, o IOF sobre as contas de não-residentes (CC-5) correspondia a 7%, sendo reduzido para 2% em abril de 1997.

Especificamente sobre os Fundos de Renda Fixa – Capital Estrangeiro, autorizados em 1993, o IOF incidente foi majorado de 5% para 9% em outubro de 1994, retornando aos 5% em março de 1995. Posteriormente, em agosto do mesmo ano, esse imposto voltou a crescer para 7% e tornou a cair para 2% em abril de 1997.

Em abril de 1996, o Banco Central impôs restrições à utilização das contas de não-residentes (CC-5) dentro desse espírito de manejo do grau de abertura financeira. A Carta Circular 2677 de 10/04/1996 tornou obrigatória a apresentação de documentos para transferências acima de US$ 10 mil, além de estabelecer condicionalidades extras para a abertura das contas.

O que essas medidas no manejo da tributação e composição do capital externo mostram claramente não é uma suposta indecisão, ou recuo, no projeto governamental de aprofundar o processo de liberalização financeira. Ao contrário, essas medidas demonstram que a estratégia de atuação do governo brasileiro no "controle" do capital externo se traduziu no mero manejo da política monetário-financeira de acordo com as necessidades conjunturais de financiamento externo da economia. Em situações de abundância de divisas (outubro de 1994 e agosto de 1995, por exemplo) foram impostas algumas pequenas restrições à entrada de capital de curto prazo. Por outro lado, em momentos de escassez/queda das reservas (março de 1995 e abril de 1997), a tributação e as regulamentações eram manejadas no sentido de flexibilizar o fluxo de capital externo.

Dentro do projeto mais amplo de reformas estruturais, implantado no país nesta última década, o aumento do grau de abertura financeira tem sido estratégico. Prates (1997: 176) afirma que não foram os fatores internos (programa de estabilização e reformas neoliberais) os principais determinantes do retorno dos fluxos de capital externo. A autora argumenta que os fatores externos (nova ordem do sistema financeiro internacional e o ciclo dos países centrais) foram os determinantes em última instância, talvez em uma tentativa de diferenciar-se de análises mais tradicionais. Sem desconsiderar a importância de fatores externos, é de se perguntar: seria possível uma magnitude de entrada de capital externo nos anos 90, como aconteceu no Brasil, sem um processo de liberalização financeira da magnitude e profundidade que ocorreu? Embora o contexto internacional seja o mesmo para todos os países, a capacidade de resposta e/ou influência não é, dado que a natureza e a profundidade da inserção internacional ainda guardam em muito um caráter de opção nacional e/ou regional.

A argumentação ortodoxa, como visto no primeiro capítulo, defendia que o processo de abertura externa no Brasil levaria a um regime de maiores taxas de crescimento e de redução da concentração de renda. Isso ocorreria não apenas porque o financiamento externo possibilitaria a elevação das taxas domésticas de poupança, mas também porque provocaria um choque de produtividade induzido pela concorrência dos produtos externos. Se os resultados defendidos por essa argumentação foram obtidos ou não é o que se passa a analisar.

III
Abertura externa brasileira e seus impactos ao longo da década de 90

O processo de abertura comercial e de liberalização financeira que caracterizou a estratégia de inserção internacional do país na última década não produziu efeitos propalados por análises teóricas convencionais e ideólogos dessa estratégia.

De fato, houve um sucesso inconteste no controle inflacionário, como visto anteriormente, quando os índices que apontavam um patamar de quatro dígitos em 1994 passaram a apresentar dois dígitos em 1995 e apenas um em 1996. A obtenção de superávits nas contas públicas, ainda que apenas no conceito primário, também foi uma meta alcançada com relativo sucesso dentro do componente de estabilização da estratégia implementada.

Entretanto, observando-se a tabela 1, é indiscutível o caráter pífio dos resultados em termos de crescimento econômico, de acumulação de capital e de geração de emprego.

Entre 1990 e 1999, a taxa média de crescimento da economia foi de 1,78% ao ano, enquanto que a taxa média em termos per capita atingiu menos de 0,38% ao ano. Se comparado com o período da década de 80, a década perdida, quando a economia brasileira cresceu em média 2,2% ao ano, não seria exagero considerar os anos 90 como a década mais do que perdida. A taxa média de investimento no período 1991-2000 foi de 15,9% do PIB, aos preços de 1980, inferior aos 17,7% médios dos anos 80. Não bastasse essa redução, a composição da taxa de investimento "mostra sensível piora, pois o peso dos bens de capital caiu de 34% em 1990 para cerca de 25% em 1996-1997, aumentando o da construção" (Cano, 2000: 266).

Tabela 1 – Indicadores macroeconômicos do Brasil (1989-2000)

	Taxa de crescimento	Taxa de crescimento per capita	Investimento (% PIB)[1]	Taxa de crescimento da FBKF[2]	Taxa de desemprego[3]
1989	3,2	1,4	-	-	3,3
1990	-4,4	-5,5	-	-	4,3
1991	1,0	-0,6	15,2	-1,8	4,8
1992	-0,5	-2,1	14,0	-8,6	5,7
1993	4,9	3,4	14,4	7,2	5,3
1994	5,9	4,3	15,2	12,5	5,1
1995	4,2	2,8	16,7	13,7	4,6
1996	2,7	1,2	16,5	2,5	5,4
1997	3,3	1,9	17,9	12,4	5,7
1998	0,2	-1,1	17,5	-1,8	7,6
1999	0,5	-0,5	16,1	-7,0	7,6
2000	4,4	3,1	15,7	nd	7,1

1. Preços de 1980.
2. Formação bruta de capital fixo.
3. Médias anuais pela PME do IBGE.
Fonte: Banco Central, IBGE e IPEADATA.

As taxas oficias de desemprego, por sua vez, mais do que duplicaram durante a década de 90, saindo dos 3,3% da PEA (população economicamente ativa) em 1989 para 7,6% em 1999.

No setor externo, apesar do crescimento no volume de exportações, a situação tampouco foi animadora. Cano (2000: 270) constata que a pauta exportadora em 1989 era composta de 27,9% em produtos básicos, 14,5% em semimanufaturados e 56,8% em manufaturados. Em 1997, essa composição já era respectivamente de 27,3%, 16% e 55%. Em relação à pauta importadora, os bens de consumo representavam 14,2% do total em 1989, os bens intermediários 35,3% e os bens de capital 26,5%. Durante os anos 90, "enquanto estas últimas triplicaram em valor, as de bens de consumo e de intermediários quadruplicaram, colaborando com isso para o debilitamento e a desestruturação de parte da agricultura e da indústria nacional" (Cano, 2000: 270).[1]

Mas, afinal, de que forma a estratégia de inserção internacional passiva, respaldada no processo de abertura externa, conseguiu atingir tão medíocre desempenho?

I. A VULNERABILIDADE EXTERNA COMO RESTRIÇÃO AO CRESCIMENTO

A própria montagem e a execução da abertura comercial e financeira, aliadas à sobrevalorização cambial que caracterizou a segunda metade da década, criaram armadilhas e restrições que impediram o crescimento econômico do país.

---

[1] Os resultados pífios não deveriam assombrar aqueles que conhecem as experiências anteriores de abertura dos países periféricos. Mesmo desconsiderando os efeitos da liberalização financeira, Shafaeddin (1994: 01) já havia constatado esses resultados: "in fact, trade liberalization has been accompanied by deindustrialization in many LDCs (least developed countries), and where export expanded it was not always accompanied by the expansion of supply capacity".

Tabela 2 – Balanço de pagamentos do Brasil em US$ bilhões: contas selecionadas (1989-1994)

Conta / Ano	1989	1990	1991	1992	1993	1994
Balança comercial	16,1	10,7	10,6	15,3	12,9	10,4
– Exportações	34,4	31,4	31,6	35,9	38,6	43,5
– Importações	18,3	20,7	21	20,6	25,7	33,1
Balança de serviços	-14,8	-15,3	-13,5	-11,3	-15,5	-14,7
– Lucros e dividendos	-2,4	-1,6	-0,6	-0,5	-1,8	-2,5
– Juros líquidos	-9,6	-9,7	-8,6	-7,3	-8,2	-6,3
– Outros	-2,8	-4,0	-4,3	-3,5	-5,5	-5,9
Saldo em transações correntes	1,5	-3,8	-1,4	6,1	-0,6	-1,7
Movimento de capital	-4,1	-4,7	-4,1	25,2	10,1	14,3
– Empréstimos	1,9	-0,3	0,9	17,5	11,6	53,8
– Investimento de portfolio líquido	0,7	0,1	0,5	1,7	6,6	5,0
– Investimento direto estrangeiro líquido	0,1	0,3	0,5	1,1	0,4	1,9
– Amortizações pagas e refinanciadas	-14,5	-8,6	-7,8	-8,5	-9,9	-50,4
Saldo do balanço de pagamentos	-3,4	-8,8	-4,6	30,0	8,4	12,9

Fonte: Boletim do Banco Central.

Tabela 3 – Balanço de pagamentos do Brasil em US$ bilhões: contas selecionadas (1995-2000)

Conta / Ano	1995	1996	1997	1998	1999	2000
Balança comercial	-3,2	-5,6	-8,4	-6,5	-1,2	-0,6
– Exportações	46,5	47,7	53	51,1	48	55,1
– Importações	49,7	53,3	61,4	57,6	49,2	55,7
Balança de serviços	-18,6	-21,7	-26,9	-30,3	-25,2	-25,4
– Lucros e dividendos	-2,6	-2,3	-5,6	-7,1	-4,0	-3,3
– Juros líquidos	-8,2	-9,8	-10,4	-11,9	-15,2	-14,6
– Outros	-7,8	-9,6	-10,6	-11,3	-6,0	-7,5
Saldo em transações correntes	-17,8	-24,3	-32,4	-34,1	-25,4	-24,3
Movimento de capital	30,9	34,2	26	15,9	13,9	19
– Empréstimos	33,5	22,8	28,8	41,6	28	-8,7
– Investimento de portfolio líquido	4,7	6,1	5,3	-1,8	3,8	6,9
– Investimento direto estrangeiro líquido	2,9	9,2	16,2	23,7	26,9	30,5
– Amortizações pagas e refinanciadas	-11	-14,4	-28,7	-33,5	-42,4	-25,8
Saldo do balanço de pagamentos	13,5	9	-7,8	-17,2	-7,8	-2,2

Fonte: Boletim do Banco Central.

O incentivo ao aumento das importações, por conta tanto da abertura comercial como da valorização do câmbio, e o ritmo lento de crescimento das exportações provocaram um substancial déficit comercial. Isso, aliado a um déficit histórico na balança de serviços, agravado pelo aumento das remessas de lucros e dividendos e do pagamento de juros, levou a consideráveis déficits em transações correntes (tabelas 2 e 3). A forma encontrada para financiamento dos déficits externos foi a atração dos capitais forâneos. Para tanto, ampliou-se a taxa de juros doméstica acima da internacional, em níveis que incrementassem a atração de capitais (diretos e de portfolio), o que definiu uma extrema dependência da economia brasileira frente aos movimentos erráticos do capital financeiro internacional, além dos crescentes empréstimos externos também contratados.

A dependência extrema em relação aos capitais externos em um mundo de forte instabilidade do sistema financeiro internacional e a baixa capacidade de resistência da economia brasileira frente a choques externos definiram, respectivamente, uma fragilidade e uma vulnerabilidade externas responsáveis pela restrição ao crescimento econômico que caracterizou a década.

Além da restrição externa estrutural, a abertura comercial e financeira criou uma armadilha financeira nas contas externas (Tavares, 1997 e Gonçalves, 1997). Os crescentes déficits em transações correntes, agravados pelo efeito da sobrevalorização cambial sobre o saldo comercial e por outras contas como gastos em viagens internacionais, foram financiados pela maior entrada de capital externo na forma de endividamento ou de investimento externo. Isso provocou o aumento do passivo externo (dívida e estoque de capital), o que, em um segundo momento, foi traduzido em elevação do déficit na conta de serviços (pagamento de juros e remessa de lucros e dividendos) e, conseqüentemente, do déficit em transações correntes. A armadilha financeira nas contas externas manifestou-se assim em um endividamento externo crescente, tanto pelo crescimento da dívida como pelo aumento do passivo externo, por conta do círculo vicioso de realimentação *financiamento externo – déficits crescentes*.

O déficit externo crônico definiu uma obrigação de manter elevadas as taxas domésticas de juros, provocando o "engessamento" da política monetária. Por outro lado, a obrigatoriedade de manter as altas taxas de juros construiu ainda uma armadilha fiscal. As altas taxas de juros representaram a elevação dos custos de rolagem da dívida pública, levando à explosão de seu serviço. Dado o compromisso de estabilidade monetária, o governo ainda se viu obrigado a esterilizar o efeito expansionista da entrada de capital externo sobre a oferta monetária, o que terminou por elevar o volume da dívida pública. Apresentaram-se duas opções não excludentes. Ou o governo financiava o endividamento público crescente emitindo novos títulos públicos, em um processo de rolagem, ou promovia fortes processos de ajuste fiscal, incluindo elevação de receitas, cortes nos gastos e ampliação do programa de privatizações. Constituía-se assim o "engessamento" da política fiscal.

A vulnerabilidade externa ainda provocou outra armadilha no que diz respeito ao crescimento econômico. A estratégia de abertura, potencializada pelos efeitos da sobrevalorização cambial da segunda metade da década, levou a um processo de *stop and go* na trajetória de crescimento do país.[2] Qualquer melhora conjuntural que elevasse a renda nacional provocaria aumento da demanda por importações, agravando o déficit em transações correntes e

---

[2] Ainda que ele atribua isso apenas a um "erro do câmbio", Delfim Netto (1997), com todo o seu pragmatismo, constata essa característica da economia brasileira no período.

definindo a necessidade de reduzir esse nível de renda. A variável-chave para isso sempre foi a taxa de juros, que mantida em níveis elevados conseguiu não só reduzir o nível de renda a patamares condizentes com a restrição externa, mas também manter o fluxo positivo de capitais externos.

A vulnerabilidade externa manifestou-se assim ao longo da década de 90, através de crescentes endividamentos externo e interno e através da incapacidade recorrente que a economia brasileira demonstrou em crescer de forma sustentada. É justamente da inviabilidade estrutural externa e interna e das manifestações conjunturais da restrição externa ao crescimento que se passa a tratar.

1. Inviabilidade estrutural externa

O crescimento da dívida externa nos anos 90 é nítido nas tabelas 4 e 5, passando de um total de US$ 115,5 bilhões em 1989 para US$ 241,2 bilhões dez anos depois, um aumento de quase 109% na década. Os gastos com o serviço dessa dívida também mostraram um crescimento considerável de US$ 24 bilhões no final da década de 80 para US$ 62,8 bilhões ao término da década passada. Deve-se ressaltar, entretanto, que o serviço da dívida externa experimentou certo recuo no início da década de 90, muito por causa da renegociação da dívida externa nos moldes do Plano Brady encerrada em 1994. A partir desse momento, a trajetória de crescimento do serviço da dívida acompanhou a elevação do endividamento do país.

Quanto à composição dessa dívida externa é importante salientar dois aspectos. Em primeiro lugar, a maior participação da dívida de médio e longo prazo, em relação aos vencimentos de curto prazo, sempre esteve presente. Este perfil mais alongado da dívida externa permitiu a contínua rolagem do endividamento, em que pese o vultoso crescimento de seu estoque e de seu serviço. Em segundo lugar, na segunda metade da década de 90, a parcela privada da dívida passa a superar a parcela pública, representando 58,5% do total em 1999, quando em 1989 representava apenas 27,3%.[3]

Tabela 4 – Dívida externa: Estoque e composição em US$ bilhões (1989-1994)

	1989	1990	1991	1992	1993	1994
Dívida externa total	115,5	123,4	123,9	135,9	145,7	148,3
Dívida externa privada	31,5	28,7	29,2	42,5	55,1	60,9
Dívida externa pública	84	94,6	94,6	93,4	90,6	87,3
Total de curto prazo	16,2	26,8	30,9	25,1	31,4	28,6
Total de médio e longo prazo	99,2	96,5	93	110,8	114,2	119,6
Dívida Externa líquida	105,8	113,5	114,5	112,2	113,5	109,5
Serviço da dívida	24,1	18,9	17,3	15,4	18,6	19,1

Fonte: Boletim do Banco Central.

Tabela 5 – Dívida externa: Estoque e composição em US$ bilhões (1995-2000)

	1995	1996	1997	1998	1999	2000
Dívida externa total	159,2	179,9	200	234,7	241,2	236,1
Dívida externa privada	71,8	95,6	123,7	139,8	141,2	125,5
Dívida externa pública	87,4	84,3	76,2	94,9	100	110,6
Total de curto prazo	29,9	37,7	36,7	24	28,6	29,9
Total de médio e longo prazo	129,3	142,1	163,2	210,6	212,6	206,2
Dívida externa líquida	107,4	119,8	147,8	197,2	204,7	203,1
Serviço da dívida	21,6	27,2	43,2	49,5	62,8	40,4

Fonte: Boletim do Banco Central.

---

[3] O que, aparentemente, pode significar uma melhora no perfil do endividamento público brasileiro é desmistificado pela relação estreita entre dívida pública interna e dívida externa, como será visto adiante.

A inviabilidade estrutural externa da estratégia brasileira de abertura nos anos 90 pode ser observada, além do endividamento externo crescente, através de indicadores de vulnerabilidade externa apresentados nas tabelas 6 e 7.

O que os indicadores de vulnerabilidade[4] indicam para o Brasil é que o período analisado deve ser decomposto em dois momentos: o primeiro até a virada 1994/95 e o segundo a partir desse momento até o final da década. Isso se justifica principalmente pelos efeitos da renegociação da dívida externa e pela grande entrada de capitais externos, que provocaram um forte crescimento das reservas internacionais, no contexto da liberalização financeira externa. O que ocorreu após a assinatura do acordo de renegociação da dívida foi uma grande amortização da mesma, que se traduziu em valores muito elevados para indicadores como serviço da dívida sobre exportações, serviço da dívida sobre PIB e serviço da dívida como proporção das reservas internacionais.

Tabela 6 – Indicadores de vulnerabilidade externa (1989-1994)

Indicador	1989	1990	1991	1992	1993	1994
Dívida externa total / exportações	3,35	3,93	3,92	3,78	3,77	3,41
Dívida externa líquida / exportações	3,3	3,6	3,6	3,1	2,9	2,5
Dívida externa total / PIB (%)	27,7	27,6	32	36,3	33,8	27,3
Dívida externa líquida / PIB (%)	25,4	25,4	29,6	29,9	26,3	20,1
Serviço da dívida / exportações	0,7	0,6	0,54	0,43	0,48	0,44
Serviço da dívida / PIB (%)	5,8	4,2	4,5	4,1	4,3	3,5
Pagamento de juros / exportações	0,28	0,3	0,27	0,2	0,21	0,14
Pagamento de juros / PIB (%)	23,0	21,7	22,2	19,5	19	11,6
Reservas internacionais / dívida total	0,08	0,08	0,07	0,17	0,22	0,26
Reservas internacionais / serviço da dívida	0,4	0,53	0,54	1,54	1,7	1,7
Reservas internacionais / juros pagos	1,01	1,03	1,09	3,26	3,92	6,15
Saldo em conta corrente (% PIB)	0,25	-0,81	-0,35	1,59	-0,14	-0,31
Saldo em conta corrente / exportações	4,3	-12,1	-4,4	16,9	-1,5	-3,9
Reservas internacionais / exportações	28,2	31,8	29,7	66,3	83,4	89,1

Fonte: Boletim do Banco Central.

---

[4] Deve-se levar em conta a advertência de Medeiros e Serrano (2001) de que a fragilidade sinalizada pela razão entre os passivos externos de curto prazo e as reservas cambiais está mais ligada a dificuldades conjunturais de liquidez, que podem até redundar em crises cambiais, como no Brasil em janeiro de 1999, do que à inviabilidade estrutural das contas externas. Rigorosamente, a primeira apresenta-se como desdobramento conjuntural da segunda.

Tabela 7 – Indicadores de vulnerabilidade externa (1995-2000)

Indicador	1995	1996	1997	1998	1999	2000
Dívida externa total / exportações	3,42	3,77	3,77	3,8	4,7	5,0
Dívida externa líquida / exportações	2,0	2,1	2,5	3,6	4,0	3,5
Dívida externa total / PIB (%)	22,5	23,2	24,8	29,8	30,4	29,7
Dívida externa líquida / PIB (%)	18,5	18,1	18,3	25	25,7	25,5
Serviço da dívida / exportações	0,46	0,57	0,81	0,97	1,3	0,73
Serviço da dívida / PIB (%)	3,0	3,5	5,3	6,2	7,9	6,8
Pagamento de juros / exportações	0,17	0,20	0,19	0,23	0,31	0,27
Pagamento de juros / PIB (%)	11,6	12,6	12,8	15,1	19,1	18,3
Reservas internacionais / dívida total	0,32	0,33	0,26	0,19	0,15	0,14
Reservas internacionais / serviço da dívida	2,4	2,2	1,2	0,9	0,57	0,8
Reservas internacionais / juros pagos	6,31	6,13	5,02	3,74	2,38	2,26
Saldo em conta corrente (% PIB)	-2,55	-2,98	-3,86	-4,33	-4,38	-4,13
Saldo em conta corrente / exportações	-38,2	-50,9	-61,1	-66,7	-52,5	-46,1
Reservas internacionais / exportações	111	125	98	87	75	59

Fonte: Boletim do Banco Central.

Dos 14 indicadores selecionados, 8 apresentaram uma piora constante ao longo de toda a década. Os outros 6 (ligados ao serviço da dívida e às reservas internacionais) mostraram certa melhora na primeira metade da década pelas razões expostas acima. Com a progressiva entrada de capital externo e o conseqüente acúmulo de reservas, os indicadores que incluem as reservas internacionais sofrem uma mudança significativa. A proporção dos juros líquidos sobre as reservas cai de 1,1% no início de 1991 para 0,5% um ano depois. No mesmo sentido, tem-se que as reservas internacionais correspondiam a 9,4% da dívida externa no primeiro trimestre de 1991 e no final de 1992 equivaliam a 17,5%.[5]

Entretanto, a partir de 1995, todos os 14 indicadores demonstram um aumento da vulnerabilidade das contas externas. Como

---

[5] Uma pormenorizada análise desses indicadores de vulnerabilidade com dados trimestrais é feita em Painceira e Carcanholo (2002).

exemplos significativos destacam-se: (i) o serviço da dívida sobre exportações passou de 42,2% no segundo trimestre de 1995 para 130% no final de 1999; (ii) as reservas sobre a dívida externa total, que chegaram a 32% no final de 1995, atingem 14% ao final de 2000; (iii) a dívida externa total sobre exportações cresce de 3,4 no início de 1996 para 5 ao final de 2000 – isto significa que seriam necessários 5 anos, naquele instante, para pagar a dívida externa com os recursos obtidos das exportações, no montante observado naquele momento; e (iv) os juros líquidos correspondiam a 16% das reservas no final de 1995 e atingem 45% no final de 2000.

Deve-se ressaltar também a piora constante a partir de 1993 do déficit em transações correntes como proporção do PIB que atingiu 4,38% em 1999, indicando a crescente necessidade de financiamento externo.

Quanto à estrutura do saldo em transações correntes pode-se retirar alguma conclusões. A primeira é a reversão do saldo da balança comercial do início da década de 90 de algo em torno de US$ 10 bilhões para um déficit de US$ 600 milhões no final de 2000, déficit este que chegou a US$ 8,4 bilhões em 1997. Esta trajetória ocorreu por causa do maior crescimento das importações em relação às exportações. A segunda é a elevação do déficit do balanço de serviços que sai de US$ 15,3 bilhões no final de 1990 para US$ 25,4 bilhões ao final de 2000. Isto foi provocado principalmente pelo crescimento das remessas de lucros e dividendos e dos pagamentos de fretes e seguros. O saldo em transações correntes que, em alguns períodos do início da década chegou a ser positivo, atinge um déficit de US$ 24,3 bilhões no final de 2000.

O déficit estrutural nas contas externas reflete uma rigidez oriunda de desequilíbrios de estoque, isto é, do considerável aumento do estoque da dívida externa e do estoque de capital estrangeiro, sob a forma de investimento direto ou de *portfolio*. Dessa forma, o crescimento do passivo externo (dívida externa mais estoque de capital estrangeiro) tende a provocar a elevação do serviço desse passivo (serviço da dívida externa mais remessa de lucros e dividendos), que, por sua vez, leva ao estrangulamento externo[6] e estabelece um caráter mais rígido aos déficits externos, na medida em que os torna mais insensíveis a alterações de preços relativos expressos na taxa de câmbio.

Tabela 8 – Estoque do passivo externo brasileiro em US$ bilhões (1990-2000)

Ano	Dívida externa total	Investimento direto estrangeiro	Investimento de portfolio	Passivo externo total	Ativos externos*	Passivo externo líquido
1989	115,5	27,2	8,7	151,4	21,7	129,7
1990	123,4	27,9	8,9	160,2	22,2	138
1991	123,9	28,6	9,5	162	21,4	140,6
1992	135,9	29,9	11,2	177	39,9	137,1
1993	145,7	37,7	17,9	201,3	50,8	150,5
1994	148,3	39,9	25,2	213,4	64,2	149,2
1995	159,2	44,5	24,2	227,9	71,1	156,8
1996	179,9	54,4	41,2	275,5	83,6	191,9
1997	200	71,5	55,6	327,1	74,9	252,2
1998	234,7	90	30	354,7	67,5	287,2
1999	241,2	119	33	393,2	54,7	338,5
2000	236,1	152	42	430,1	46,5	383,6

* Inclui as reservas internacionais, os investimentos brasileiros no exterior, os haveres externos nos bancos comerciais e os créditos brasileiros no exterior.
Fonte: Boletim do Banco Central.

---

[6] A importância analítica do conceito de passivo externo é dada pelo fato de que esse passivo implica em saída de recursos que superam o serviço da dívida externa e, portanto, reflete com mais precisão a verdadeira transferência de renda. A importância de considerar o estoque de capital externo para esses propósitos já havia sido ressaltada pela vertente marxista da teoria da dependência nos anos 60, não surpreendentemente desconsiderada. Para isto ver Dos Santos (2000) e Marini (2000).

A tabela 8 mostra a evolução do estoque do passivo externo brasileiro ao longo da década de 90. Evidencia-se que o passivo externo brasileiro cresceu 184% entre 1989 e 2000, tanto por causa do endividamento externo crescente como pela entrada de capital externo, substancial no período, que redundou em um forte aumento do estoque de capital externo no país. Considerando o passivo externo líquido (descontando o valor dos ativos externos), esse crescimento foi maior ainda. Se o estoque do passivo externo líquido era de US$ 129,7 bilhões em 1989, ele passou para US$ 383,6 em 2000, definindo uma taxa de crescimento de 195,7% no período. Isto se deveu ao menor ritmo de crescimento dos ativos externos brasileiros em relação ao do passivo externo total.

A tabela 9, por sua vez, apresenta a evolução do serviço do passivo externo ao longo dos anos 90. Enquanto este em 1990 atingia US$ 19,9 bilhões, em 1999 ele já chegava a US$ 61,6 bilhões. O serviço do passivo externo apresentou uma redução até 1992 em razão da queda do serviço da dívida, mas cresceu a partir desse momento tanto pelo aumento desse serviço como o da remessa de lucros e dividendos.

Tabela 9 – Serviço do passivo externo brasileiro em US$ bilhões (1990-2000)

	Juros	Amortizações pagas	Serviço da dívida externa	Lucros e dividendos	Serviço do passivo externo
1989	9,6	14,5	24,1	2,4	26,5
1990	9,7	8,6	18,3	1,6	19,9
1991	8,6	7,8	16,4	0,6	17
1992	7,3	8,5	15,8	0,5	16,3
1993	8,2	9,9	18	1,8	19,9
1994	6,3	11	17,3	2,5	19,8
1995	8,2	11	19,2	2,6	21,8
1996	9,8	14,4	24,2	2,3	26,5
1997	10,4	28,7	39,1	5,6	46,7
1998	11,9	33,5	45,4	7,1	52,5
1999	15,2	42,4	57,6	4,0	61,6
2000	14,6	25,8	40,4	3,3	43,7

Fonte: Boletim do Banco Central.

As tabelas 10 e 11 apresentam os indicadores de vulnerabilidade externa relacionados ao passivo externo. O quadro geral também permite concluir a elevação dessa vulnerabilidade ao longo da década de 90.

Tabela 10 – Indicadores de vulnerabilidade em relação ao passivo externo (1989-1994)

Indicador / Ano	1989	1990	1991	1992	1993	1994
Passivo externo líquido / exportações	3,77	4,39	4,45	3,81	3,9	3,43
Passivo externo líquido / PIB (%)	31,2	30,9	36,4	39,8	35	27,4
Estoque de investimento de portfolio (% do PIB)	2,1	1,2	2,4	2,3	4,1	4,6
Estoque de investimento de portfolio (% do total de investimento)	24,3	24,2	25	27,3	32	42,1
Estoque de investimento direto estrangeiro (% PIB)	6,5	6,25	7,4	8,0	8,7	7,3
Estoque de investimento direto estrangeiro (% do total de investimento)	75,7	75,8	75	72,7	68	57,9
Serviço do passivo externo (% das exportações)	77	63,3	53,8	45,4	51,5	45,5
Serviço do passivo externo (% do PIB)	6,37	4,46	4,4	4,35	4,62	3,64
Serviço do passivo externo / reservas internacionais	2,73	2,01	1,8	0,68	0,62	0,51

Fonte: Boletim do Banco Central.

Em termos específicos, deve-se ressaltar o aumento do passivo externo líquido como proporção do PIB de 30,9% em 1990 para 47,9% em 2000, e o serviço desse passivo que passa de 4,46% em 1990 para 7,76% em 1999. Quanto à composição do passivo, o estoque de investimento direto estrangeiro apresentou elevação tanto em relação ao PIB como em proporção ao total de investimento estrangeiro, o que costuma ser apresentado como algo exclusivamente positivo. Entretanto, algumas ressalvas devem ser feitas.

Tabela 11 – Indicadores de vulnerabilidade em relação ao passivo externo (1995-2000)

Indicador / Ano	1995	1996	1997	1998	1999	2000
Passivo externo líquido / exportações	3,37	4,02	4,75	5,62	7,05	7,0
Passivo externo líquido / PIB (%)	23,4	25,7	32,2	36,5	42,6	47,9
Estoque de investimento de portfolio (% do PIB)	4,2	7,0	8,6	4,2	5,4	6,6
Estoque de investimento de portfolio (% do total de investimento)	35,2	43,1	43,8	25	21,7	21,7
Estoque de investimento direto estrangeiro (% PIB)	7,8	8,8	10,7	12,6	19,4	22
Estoque de investimento direto estrangeiro (% do total de investimento)	64,8	56,9	56,2	75	78,3	78,3
Serviço do passivo externo (% das exportações)	46,9	55,5	88,1	102,7	128,3	79,3
Serviço do passivo externo (% do PIB)	3,3	3,4	5,78	6,66	7,76	5,7
Serviço do passivo externo / reservas internacionais	0,42	0,44	0,9	1,17	1,71	1,32

Fonte: Boletim do Banco Central.

Inicialmente, o investimento direto estrangeiro "apresenta limitações como forma de financiamento estável, dada sua própria natureza. Seus impactos negativos sobre o balanço de pagamentos (remessa de lucros e dividendos) tendem a ser diluídos ao longo do tempo, enquanto os impactos positivos são concentrados" (Laplane e Sarti, 1997: 146).

Em segundo lugar, o efeito deletério do investimento direto estrangeiro sobre as contas externas também faz-se sentir pelo fato de que a maciça entrada de capital estrangeiro no setor de serviços, especificamente nos de utilidade pública, não gera receitas de exportação.

Finalmente, "o 'investimento direto' que tem aumentado, atraído pela entrega de nossas riquezas minerais e dos sistemas elétrico e de telecomunicações, representa apenas uma fração diminuta de nossas necessidades de financiamento externo e não contribui para elevar a taxa de investimento líquido da economia, já que se trata de mera transferência patrimonial" (Tavares, 1997: 105).

Dessa forma, a entrada de investimento externo não contribuiu para elevar a taxa de investimento da economia brasileira no período, que ficou em patamares inferiores aos da década passada, e ainda representou um enrijecimento e um agravamento das contas externas na medida em que se refletiu em remessa de lucros e dividendos e/ou em saída conjuntural dos recursos em face do caráter especulativo e de curto prazo de boa parte desse investimento externo.

O que os indicadores de vulnerabilidade externa aqui apresentados mostram é que, longe de constituírem problemas pontuais e passageiros, o déficit nas contas externas brasileiras possuíram um caráter muito mais rígido e estrutural.

2. Inviabilidade estrutural interna

A vulnerabilidade externa da economia brasileira também se manifestou em um superendividamento público. Se a composição da dívida externa apresentou uma alteração na década de 90, tornando-se majoritariamente de caráter privado, a dívida pública no mesmo período mostrou-se explosiva e esteve intimamente ligada ao quadro do endividamento externo.

Gonçalves e Pomar (2002: 50) ressaltam que "enquanto aumenta a dívida externa, os juros elevados pagos pelos títulos se constituem na principal causa do déficit público e, portanto, do próprio aumento da dívida pública interna, que cresce aceleradamente a partir de 1995". O grande diferencial entre os juros internos e os externos, necessário para atrair os capitais externos que "fechavam" as contas externas, fez com que as empresas instaladas no país tomassem empréstimos em dólar para servirem de credores junto ao governo brasileiro. Assim, o crescimento da parcela privada da dívida externa está intimamente relacionado com a necessidade crescente de rolagem da dívida pública interna, acrescida tanto pelos juros altos como pela esterilização dos recursos externos ingressantes no país.

Afirma-se que a dívida líquida do setor público traduz mais claramente a posição financeira do setor público, já que desconta a posição credora do próprio Estado. A tabela 12 apresenta os dados referentes ao período 1994-2000. O crescimento da dívida líquida do setor público no período foi de 267%, sendo que a parcela correspondente à dívida interna passou de 71% do total para 80% entre 1994 e 2000. Isso se traduziu em um substancial aumento da dívida líquida total como proporção do PIB de 30,4% em 1994 para 49,3% em 2000. Por sua vez, o crescimento da dívida líquida do governo federal e do Banco Central foi ainda maior, equivalendo a 436%. Além disso, a partir de 1992, a parcela interna da dívida passou a superar a externa, exatamente o período em que o diferencial de juros internos passou a ser mais expressivo.

Tabela 12 – Dívida líquida do setor público em R$ bilhões (1994-2000)

	1994	1995	1996	1997	1998	1999	2000
Dívida líquida total	153,2	208,5	269,2	308,4	385,9	516,6	563,2
– Dívida interna	108,8	170,3	237,6	269,8	328,7	407,8	451,8
– Dívida externa	44,4	38,1	31,6	38,6	57,2	108,8	111,3
Dívida líquida do governo federal e Banco Central	65,8	90,4	128,4	167,7	231,3	316,2	353
Dívida líquida total (% do PIB)	30,38	30,83	33,23	34,33	39,17	49,39	49,29

Fonte: Boletim do Banco Central do Brasil.

Como o superávit primário foi a característica dos anos 90, com exceção do período 1996/97, a explicação para esse crescimento da dívida pública só pode estar no crescimento dos *gastos financeiros*, isto é, pagamento de juros e amortização do principal, novos empréstimos e acréscimo do principal por conta da rolagem da dívida, dos altos juros internos e de variações cambiais. De fato, os juros nominais pagos sobre a dívida mobiliária federal representavam 4,9% do PIB em 1994 e chegaram a 13,14% em 1999 (tabela 13). Por outro lado, a dívida mobiliária federal indexada ao câmbio representava 8,3% do total em 1994 e passou a 24,5% em 1999, 24,3% em 2000 e 28,62% em 2001.

Tabela 13 – Dívida mobiliária federal 1994-2000 (em R$ bilhões)

	1994	1995	1996	1997	1998	1999	2000
Total	61,7	108,4	176,2	254,5	323,9	414,9	516,1
– Responsabilidade do Tesouro	35,2	59,1	93,1	189,3	219,2	311,3	396,1
– Responsabilidade do Banco Central	26,5	49,3	83,1	65,2	104,7	103,5	120
Indexada ao câmbio	5,1	5,8	16,6	39,2	68,0	101,6	125,4
Indexada ao câmbio (% do total)	8,3	5,4	9,4	15,4	21,0	24,5	24,3
Juros nominais pagos	24,7	48,7	45,1	44,4	72,5	127,2	87,4
Juros nominais pagos (% do PIB)	4,9	7,5	5,8	5,14	8,07	13,14	8,8

Fonte: Boletim do Banco Central do Brasil.

Já a tabela 14 apresenta o pagamento de juros da dívida pública como proporção do PIB e do investimento total. Pode-se fazer duas conclusões a partir dessas informações. Em primeiro lugar, os encargos financeiros sobre a dívida pública foram crescentes entre 1990 e 1999. Em segundo lugar, uma parcela crescente de recursos foi destinada ao pagamento de juros da dívida pública em relação ao que poderia ser gasto com investimentos.

O discurso oficial, além da tese contrafactual que apresenta os gastos públicos ordinários como principais responsáveis pelo crescimento da dívida pública, apresentou o discurso do plano de privatizações como a forma de reduzir o endividamento público. A receita auferida com as privatizações federais e estaduais, em um dos maiores programas de privatizações que se tem notícia na história da economia mundial, foi de US$ 87 bilhões. Esse valor é ridículo frente aos US$ 410 bilhões que equivalem ao crescimento absoluto da dívida líquida do setor público entre 1994 e 2000, e representam apenas 15% do valor total dessa dívida em 2000.

Tabela 14 – Juro, investimento e crescimento, 1990-2000 (%)

Ano / Indicador	Pagamento de juros da dívida pública / PIB	Pagamento de juros da dívida pública / investimento
1990	4,1	16,3
1991	1,9	8,3
1992	5,5	23,9
1993	3,0	12,4
1994	4,9	18,8
1995	7,5	25,4
1996	5,8	19,2
1997	5,1	17,1
1998	8,1	38,3
1999	13,1	33,3
2000	8,8	25,0

Fonte: Boletim do Banco Central.

Na verdade, o crescimento da dívida pública não é tão grave quando decorre de investimentos em setores prioritários, do não pagamento de seus atrasados e/ou é acompanhado de um crescimento da renda ao menos proporcionalmente. Entretanto, a experiência brasileira dos anos 90 mostra que a explosão da dívida pública não foi acompanhada nem de aumento de investimentos e muito menos de um crescimento econômico consistente, ao mesmo tempo em que os pagamentos de seus encargos financeiros foram sempre honrados.

É dessa forma que o superendividamento público acompanha o déficit crônico das contas externas na constituição de uma inviabilidade estrutural que caracterizou a vulnerabilidade externa da economia brasileira nos anos 90.

3. As restrições conjunturais e a crise cambial

Em um estudo patrocinado pelo BID, Fernández-Arias e Montiel (1998: 115), depois de fazer uma exaltação às reformas estruturais neoliberais, perguntaram-se: "por qué, entonces, América Latina no experimentó una aceleración más pronunciada de crecimiento en 1991-95?". Poder-se-ia perfeitamente fazer uma extensão temporal da pergunta até os dias atuais.

A resposta não poderia ser mais risível! Segundo eles, para que o crescimento fosse mais acelerado seriam necessárias duas coisas: (i) aprofundar as reformas de acordo com as pautas já estipuladas; e (ii) aumentar a extensão delas. Com maior intensidade e com um caráter mais extenso, a resposta estaria em uma maior dosagem do mesmo remédio.[7]

O problema é que a implementação dessa terapia ainda que em doses "homeopáticas", ao menos para a concepção convencional, já provocou uma séria restrição externa ao crescimento. A necessidade crescente de financiamento externo para cobrir os déficits provocados pela abertura comercial e financeira, agrava-

---

[7] Easterly et al. (1997) afirmam veementemente que, após analisar dados que cobrem um período extremamente restrito (até 1993), o crescimento na América Latina pós-reformas não foi decepcionante. Algum tempo depois, Easterly (2001) foi obrigado a admitir, pela força dos fatos, que tanto a década de 80 quanto a de 90 foram perdidas para os países dessa região.

dos pelo período de sobrevalorização cambial, "... direcionou o tempo todo a política de juros do Governo, que serviu para atrair capitais de curto prazo e, ao mesmo tempo, limitar o crescimento das atividades econômicas, como forma de reduzir as importações e, assim, diminuir o déficit da balança comercial" (Filgueiras, 2000: 168).

Assim, a vulnerabilidade externa expressa nos desequilíbrios de fluxo (balanço de pagamentos e serviço do passivo externo) e de estoque (passivo externo) refletiu-se em uma recorrente restrição externa ao crescimento econômico brasileiro na década de 90.

As sucessivas conjunturas pós-Plano Real durante a década de 90 podem ser divididas em cinco períodos de acordo com Filgueiras (2000): (i) pós-Real e a euforia do consumo (07/94 a 03/95); (ii) crise do México e desaceleração (04/95 a 03/96); (iii) retomada da economia (04/96 a 06/97); (iv) novo período recessivo; e (v) o fim da âncora cambial.

Logo após a implantação do Real, a inflação mensal medida pelo IGP-DI foi reduzida de 46,6% em junho de 1994 para 3,34% dois meses depois. Experimentou-se também uma fase de rápido crescimento do consumo, da produção e do emprego. A aceleração do ritmo de crescimento das atividades produtivas pode ser percebida pelo crescimento de 3,11% no terceiro trimestre de 1994 em relação ao trimestre anterior, de 3,81% no último trimestre do ano e de 1,25% no primeiro de 1995. Em relação ao mesmo período do ano anterior, o quarto trimestre de 1994 mostrou um crescimento de 9,85%, e o primeiro trimestre de 1995 de 9,54%.

Entretanto, a balança comercial já possuía saldo negativo desde novembro de 1994. Desse mês até março de 1995 esse déficit totalizou US$ 3,55 bilhões, sendo que apenas no período 01/95-03/95 ele somou US$ 2,83 bilhões. Em um primeiro momento, esse saldo negativo foi compensado pela forte entrada de capital externo e por uma redução das reservas internacionais em dólar, que saem de US$ 43 bilhões em julho de 1994 para US$ 38,2 bilhões no final desse ano.

A crise do México em dezembro de 1994 dá início a um período de fuga de capitais e de desaceleração econômica. As reservas cambiais atingem US$ 31,8 bilhões em abril de 1995, ao mesmo tempo em que o déficit em transações correntes no primeiro semestre desse ano chegava a 4,2% do PIB.

A partir de março de 1995, o governo implementou algumas medidas no sentido de desacelerar a economia, em uma clara manifestação da causalidade *"restrição externa stop and go"*, e de certo recuo na abertura comercial. Além de um alargamento da banda cambial que permitisse um maior ritmo de desvalorização cambial, foram elevadas as alíquotas do imposto de importação, estabelecidas quotas de importação para automóveis e fornecidos incentivos às exportações. Para conter a fuga de capitais, ocorreu uma retirada/diminuição do IOF sobre capital externo, o que elevou o grau de abertura financeira, e uma forte elevação das taxas domésticas de juros. A taxa nominal de juros chegou a 60% ao ano, a terceira maior do mundo, enquanto que a real atingiu 30% ao ano, a maior de toda a economia mundial.

Os resultados foram a volta do capital externo a partir de abril de 1995, sendo que as reservas internacionais fecharam esse ano em US$ 51,8 bilhões, e a obtenção de saldos comerciais positivos entre julho e novembro de 1995. Contudo, a desaceleração da economia fez com que, entre abril e setembro desse ano, em termos anualizados, a taxa de crescimento fosse de - 9,1%.

Vale salientar ainda que, nesse momento, se configurou uma situação de fragilidade nas instituições financeiras nacionais, em muito debilitadas pela forte elevação das taxas de juros. A Resolução n. 2.208 de 03/11/95 criou o Programa de Estímulo à Reestruturação e ao Fortalecimento do Sistema Financeiro Nacional (PROER), que resultou na liberação de cerca de R$ 21 bilhões como forma de, no jargão oficial, "reestruturar" o setor. Isto talvez mostre que na implementação das estratégias neoliberais as leis do mercado livre nem sempre valem para todos os setores.

O primeiro semestre de 1996 em relação ao mesmo período do ano anterior ainda mostrou uma taxa nula de crescimento e uma aceleração do desemprego.

Os sinais de reaquecimento só aparecem no segundo semestre desse ano, com a redução gradual das taxas de juros, tendo em vista a relativa melhora das contas externas e a volta do capital externo. A taxa de crescimento da economia que em 1996 fora de 2,7% atinge 3,3% em 1997. Mais uma vez, entretanto, a crônica incapacidade de manter taxas sustentadas de crescimento se revelou. Esse reaquecimento provocou um aumento na demanda por importações que só no segundo semestre de 1996 originou um déficit comercial de US$ 5,5 bilhões, vis-à-vis um superávit de US$ 1 milhão no primeiro semestre. O financiamento dos déficits foi possibilitado por um acúmulo prévio de reservas internacionais na ordem de US$ 60 bilhões no final de 1996.

O novo período recessivo configurou-se plenamente com a eclosão da crise asiática no segundo semestre de 1997. A fuga de capitais no Brasil fez com que as reservas caíssem de US$ 63 bilhões em agosto de 1997 para US$ 52 bilhões quatro meses depois. Como enfrentamento da crise, o governo resolveu elevar novamente as taxas de juros, que atingem um valor nominal de 43% ao ano, e lançar um pacote fiscal composto por 51 itens. A maioria das medidas do "pacote 51" não saiu do papel e as altas taxas de juros, ainda que tenham conseguido reverter o fluxo negativo de capitais, provocaram a desaceleração da economia (crescimento de -0,5% no quarto trimestre de 1997) e o brutal crescimento da dívida interna. No front externo, a redução do déficit na balança comercial não impediu que ele continuasse elevado e a trajetória de crescimento da dívida externa e dos indicadores de vulnerabilidade foi acentuada.

A instabilidade dos mercados financeiros internacionais frente à crise russa no segundo semestre de 1998 só piorou a situação. A resposta do governo na política econômica de administração conjuntural de um problema estrutural foi previsível. Além das rotineiras concessões de facilidades tributárias para o capital externo, a taxa básica de juros saiu de 19% ao ano para 29% e, logo depois, chegou a 49% ao ano.

Em outubro de 1998 é lançado outro pacote fiscal que incluía, ainda para aquele ano, a redução dos gastos orçamentários federais em 1,5% do PIB no quarto trimestre, a diminuição dos investimentos estatais em 0,3% do PIB também para o quarto trimestre e a adoção de uma meta obrigatória para o superávit primário. Para o triênio 1999-2001 foi adotado um forte Programa de Estabilidade Fiscal composto por: (i) metas de superávit primário de 1,8% do PIB em 1999, 2% em 2000 e 2,3% em 2001; (ii) elevação do COFINS de 2% para 3%, 1/3 do qual com a possibilidade de desconto em imposto de renda; (iii) aumento da Contribuição Provisória sobre Movimentação Financeira (CPMF) de 0,2% para 0,3%; e (iv) acréscimo dos percentuais de contribuição para o plano de aposentadoria do setor público, incluindo a proposta de contribuição para servidores inativos.[8]

---

[8] "Adicionalmente, o Programa criou a Lei de Responsabilidade Fiscal, que estabeleceu critérios para o endividamento público, regras estritas para o controle dos gastos públicos e regras permanentes para limitar os déficits orçamentários, além de proibir quaisquer novos refinanciamentos pelo governo federal da dívida estadual e municipal" (Filgueiras, 2000: 140).

Com a piora da situação, e na tentativa de se antecipar ao colapso cambial que se aproximava (o déficit em transações correntes chegou a 4,4% do PIB em outubro de 1998 e, em três meses, ocorreu uma redução de US$ 30 bilhões nas reservas internacionais), o governo fechou um acordo com o FMI no final de 1998. Os comprometimentos com o FMI, dentre outros, incluíam a manutenção do regime cambial, a continuação da abertura comercial, a aceleração das privatizações, a aprovação de reformas liberais, em especial no campo trabalhista, a manutenção do programa de ajuste fiscal por 3 anos (com metas de superávit primário e pagamento de juros), e o comprometimento de não implementar controles à saída de capital. O total do empréstimo externo acertado chegava a US$ 41,5 bilhões, dos quais US$ 18 bilhões do FMI em uma linha de crédito de emergência com prazo de 18 meses e juros de 7,25% ao ano para US$ 12,6 bilhões, e um financiamento *stand by* com carência de 5 anos e juros de 4,25% ao ano para US$ 5,4 bilhões.

Mesmo com a liberação da primeira parcela do acordo que totalizou US$ 9,324 bilhões, a fuga de capital continuou a ocorrer. A crise cambial avizinhava-se.

O quadro negativo já vinha sendo desenhado de antes, não só pelos sinais fornecidos pelos indicadores, mas também por que no segundo semestre de 1998 a perda de reservas pelo conceito caixa foi de US$ 35,7 bilhões, já na tentativa de controlar as cotações cambiais. Além disso, a credibilidade do país nos principais mercados financeiros já vinha caindo, o que foi sinalizado pela queda nos preços dos títulos do Tesouro lá negociados.

Em 13 de janeiro de 1999, a tentativa do governo de alargamento da banda cambial provocou uma desvalorização de 8,9% apenas nesse dia. Após sofrer uma perda substancial de reservas no dia seguinte, em 15 de janeiro, data em que a desvalorização atingiu 11,1% apenas naquele dia, o governo resolveu alterar o regime cambial, o que só foi formalizado no dia 18 do mesmo mês. Em poucos dias já se escrevia a pequena crônica de uma crise anunciada.

A crise cambial brasileira traduziu-se em uma desvalorização acumulada em janeiro daquele ano de 64,08%, e em uma perda de reservas de US$ 10,75 bilhões no primeiro trimestre do ano. A crise também obrigou o governo a alterar o regime cambial, supostamente para que a determinação do câmbio ficasse por conta do mercado. Entretanto, o Banco Central continua intervindo no mercado (vendendo reservas em dólares ou títulos com proteção cambial) para controlar a cotação. Isto não só para segurar a inflação, mas também na vã tentativa de não explicitar uma situação de insolvência externa para os capitais internacionais.

Embora seja impossível prever a data exata de acontecimento de uma crise cambial como essa, a fragilidade e a vulnerabilidade externas provocam a reversão das expectativas dos agentes e reduz a credibilidade do país. A crise cambial torna-se assim uma questão de tempo.

A alteração do regime cambial, com a conseqüente "correção" do "erro cambial", poderia levar a visão crítico-conjuntural a prever melhores momentos para a economia brasileira. Entretanto, a dívida líquida do setor público continuou crescendo, chegando a R$ 563,2 bilhões em 2000, a dívida mobiliária federal atingiu R$ 624 bilhões em 2001, o saldo em transações correntes, como proporção do PIB, foi superior em 1999 (4,4%) ao de 1998 e, apesar de certo recuo em 2000 (4,13% do PIB), continuou em um patamar superior ao de todo o período 1990-1997, o estoque do passivo externo continuou crescendo e seu serviço ainda era bastante elevado (US$ 43,7 bilhões em 2000). A balança comercial só veio apresentar saldos positivos em 2001 e, mesmo assim, insuficientes para compensar a rigidez dos déficits na conta de serviços. Em suma, a inviabilidade estrutural externa e interna mostrou-se razoavelmente insensível à modificação do preço relativo expresso na taxa de câmbio. Do ponto de vista do endividamento público, em específico, a desvalorização cambial provocou seu crescimento, tendo em vista a grande parcela da dívida que está indexada ao dólar (em junho de 2001, esse percentual era de 26,4% do total).

Em agosto de 2001, um novo acordo com o FMI foi acertado em substituição ao de 1998. O montante acordado chegou a US$ 15 bilhões, sendo a primeira parcela de US$ 4,6 bilhões. Sobre 25% do total incidiria uma taxa de juros de 4,5% a 5% ao ano, e sobre o resto 7,5%. Para tanto, dever-se-ia cortar R$ 10,3 bilhões nos orçamentos de 2001 e 2002 (R$ 3,7 bilhões no primeiro ano e R$ 6,6 bilhões no segundo), e obter um superávit primário de 3,35% do PIB em 2001 e 3,5% no ano seguinte.

O que todas essas sucessivas conjunturas demonstraram é que, dada a restrição externa, e "como a capacidade instalada não cresce quanto deveria, qualquer movimento de crescimento do consumo é abortado através de medidas de restrição de crédito, elevação dos juros e aumento dos compulsórios, de forma que o crescimento se torna um subproduto e não o objetivo principal da política econômica" (Lacerda, 1999: 115). Além disso, longe de corrigir o quadro de vulnerabilidade externa da economia brasileira, a desvalorização cambial de 1999 só mostrou o caráter rígido, estrutural, dos déficits externos, provocados pela estratégia de inserção passiva que caracterizou o período neoliberal dos anos 90.

II. IMPACTOS DISTRIBUTIVOS NOS ANOS 90

Não é de hoje que o perfil distributivo de renda no Brasil apresenta uma característica marcadamente concentrada, sendo um dos piores de toda a economia mundial. A situação chegou a um ponto tal que o Banco Mundial (1998) constatou que o Brasil era o segundo país com pior concentração de renda no mundo, só perdendo para Serra Leoa, e aquele em que os 10% mais ricos da população se apropriavam de maior parcela de sua renda nacional em 1998: 47,9% (Gonçalves, 1999c: 62).

Para o mesmo ano, 1998, o Índice de Desenvolvimento Humano (IDH), calculado pelo PNUD (2000), mostrava o país na 74ª posição, ainda que fosse a 8ª economia do mundo em relação ao PIB, e a 54ª em termos de renda per capita.

Em termos históricos, a grande concentração de renda acompanha a evolução do país desde sua formação econômica e social dos tempos coloniais.[9] Mesmo em períodos de aceleração do crescimento e da industrialização, essa característica esteve presente no processo de acumulação do capital no país. A evolução da distribuição de renda no país pode ser observada através do Índice de Gini na tabela 15.[10]

---

[9] "A prevalência da grande propriedade exportadora, dos ciclos produtivos regionalmente localizados e da exclusão social atrofiaram o desenvolvimento do mercado interno, que seria um fator decisivo na integração econômica do país" (Benjamin et alii, 1998: 75).

[10] O índice de Gini varia entre zero (renda distribuída de forma eqüitativa) e um (renda totalmente concentrada), conferindo maior peso à distribuição nas faixas centrais. A comparação "10+/10-", por sua vez, mede as desigualdades nos extremos.

Tabela 15 – Evolução da distribuição de renda no Brasil (1960-1990)

Ano	1960	1970	1980	1990
Índice de Gini	0,50	0,56	0,59	0,63
10+/10-	34	40	47	78

Fonte: Benjamin et alii (1998: 197).

Com o processo de abertura externa e reformas, implementado nos anos 90, segundo suas justificativas convencionais, esse panorama deveria ser alterado, pois a estabilização e o crescimento da produtividade, incentivada principalmente pela abertura comercial, levariam a ganhos salariais substanciais, notadamente para as camadas mais pobres e com pouca qualificação.

Tabela 16 – Distribuição pessoal da renda do trabalho no Brasil (1981-1995)

Grupos de renda	1981	1986	1990	1992	1993	1995
1% mais rico	12,1	14,0	13,9	13,1	15,5	13,4
10% mais ricos	44,9	47,3	48,1	45,1	49,0	47,1
50% mais pobres	14,5	13,5	12,0	14,0	12,9	13,3
10% mais pobres	0,9	1,0	0,8	0,8	0,7	1,0
Índice de Gini	0,564	0,584	0,602	0,575	0,603	0,592

Fonte: IBGE (PNAD), apud Mattos e Cardoso Jr. (1998: 809).

Do ponto de vista de distribuição pessoal de renda, a tabela 16 mostra uma aparente melhora entre 1990 e 1995, notadamente se comparados os anos de 1993 e 1995.[11] Isso se explica basicamente

---

[11] Mesmo assim, "como a desigualdade de renda está atrelada aos altos rendimentos no extremo superior da distribuição, ganhos de rendimento na base da distribuição, como os ocorridos após o Plano Real, pouco afetam o coeficiente de Gini" (Rocha, 2000: 15).

por dois fatores (Mattos e Cardoso Jr., 1998). Em um primeiro lugar, a redução do imposto inflacionário conseguida pelo Plano Real levou a um ganho em termos reais, uma vez que a menor proteção contra as perdas inflacionárias tende a se concentrar justamente nas camadas mais baixas. Em segundo lugar, teria ocorrido um efeito preços-relativos. O processo de abertura comercial provocou uma elevação da relação entre os preços de setores *non tradebles* (não sujeitos à concorrência externa) e os preços de *tradebles* (sujeitos à concorrência externa). Isso provocou uma elevação relativa da remuneração dos autônomos, frente à remuneração dos trabalhadores industriais. Dessa maneira, "o perfil do conjunto dos ocupados no mercado de trabalho nacional tende, portanto, a melhorar, pois os salários pagos aos trabalhadores empregados nesses setores industriais são mais elevados, em média, do que os rendimentos dos prestadores de serviços pessoais" (Mattos e Cardoso Jr., 1998: 815).

Por esses dados, a conclusão pareceria respaldar as análises que propagandeiam a estratégia de abertura como forma de obter impactos distributivos positivos.

Contudo, várias considerações devem ser feitas a respeito de conclusões aparentes e apressadas como essa. Em primeiro lugar, no que se refere à distribuição pessoal de renda, as razões para a melhora efêmera provocada pelo Plano Real se esgotaram. Tanto a redução do imposto inflacionário como o efeito preços-relativos, derivado da abertura comercial, têm um impacto do tipo *once and for all*, que não permite uma mudança na trajetória estrutural do perfil distributivo. De fato, o índice de Gini voltou a crescer, atingindo um valor igual a 0,609 em 2000, patamar semelhante ao de 1990 (0,62). Outros indicadores permitem retirar conclusões ainda mais precisas sobre a questão distributiva nos anos 90.

A tabela 17 mostra a distribuição de renda por grupos sócio-ocupacionais, comparando 1992 e 1998. A principal vantagem deste tipo de enfoque é que ele permite captar mais acuradamente as variações nos extremos da sociedade em casos de grande concentração de renda, ao contrário do índice de Gini, justamente por levar em conta a estrutura ocupacional da população.

Pelos dados apresentados, a primeira camada foi a única dentre as quatro que obteve crescimento real da renda, uma vez que manteve sua participação no total da população, e aumentou sua participação no total da renda de 41,1% para 45,1% entre 1992 e 1998. Observando a proporção entre a participação no total da renda e na população total, essa primeira camada saiu de um fator 2,7 em 1992 para 2,9 em 1998.

A segunda camada, por sua vez, apresentou um pequeno acréscimo na participação da renda total, mas este foi acompanhado por um crescimento proporcional em sua participação no total da população. Isso fez com que o fator que relaciona as duas participações permanecesse relativamente estável em 1,17.

Por outro lado, a terceira e quarta camadas apresentaram uma redução absoluta e real de renda. Para a terceira, a queda na participação sobre a renda foi algo próximo de 3,4 pontos percentuais, ao mesmo tempo em que a participação sobre o total da população passou de 44,6% para 44,8% entre 1992 e 1998. Isso fez com que o fator participação na renda / participação na população caísse de 0,75 para 0,67 no período. A quarta camada, por último, até teve sua participação no total da população reduzido, mas em proporção insuficiente para compensar a queda na participação sobre a renda total. Com isso, o fator que relaciona as participações sobre renda e população para a camada mais pobre da população caiu de 0,32 em 1992 para 0,29 em 1998.

Essa forma de tratamento dos dados, com base na estrutura ocupacional, é inequívoca na conclusão de que a década de 90 produziu uma maior concentração de renda nas camadas mais ricas da população, principalmente porque o desemprego e a informalidade crescentes ao longo da década atingiram basicamente as camadas mais pobres da população, fenômeno não captado pelo tradicional índice de Gini.

Tabela 17 – Distribuição de renda por grupos sócio-ocupacionais (1992-1998)

Camadas / Ano	% no total da população		% no total da renda	
	1992	1998	1992	1998
Primeira Camada	**15,2**	**15,3**	**41,1**	**45,1**
Proprietários empregadores	5,8	5,5	14,4	15,5
Profissionais empregadores	0,2	0,4	0,9	2
Profissionais autônomos – camada superior	0,5	0,7	2,2	3,4
Alta classe média assalariada	6,9	6,7	18,7	18,3
Profissionais autônomos – camada média	0,7	0,6	1,3	1,1
Sem ocupação	1,1	1,4	3,6	4,8
Segunda Camada	**14,5**	**15,6**	**17,1**	**18**
Média classe média assalariada	6,4	7	8,5	9,3
Trabalhadores autônomos – camada superior	1,8	2,6	2,1	2,7
Trabalhadores autônomos – camada inferior	0,5	0,7	0,5	0,7
Proprietários por conta própria – urbanos	4,7	4,5	5	4,6
Sem ocupação	1,1	0,8	1	0,7
Terceira Camada	**44,6**	**44,8**	**33,4**	**30**
Operários e assalariados populares – camada superior	10,7	9,5	9,5	7,6
Baixa classe média assalariada	12	11,7	11,9	10,3
Ignorados (sem informação de ocupação)	0,2	0,1	0,1	0,1
Trabalhadores autônomos – camada média	6,8	7,8	4	4,4
Operários e assalariados populares – camada média	12,5	12,7	6,7	6,1
Trabalhadores não-remunerados*	-	0,3	-	0,2
Trabalhadores autônomos – camada inferior	1,3	0,8	0,7	0,4
Sem ocupação	1,1	1,9	0,5	0,9
Quarta Camada	**25,7**	**24,3**	**8,4**	**6,9**
Autoconstrução – não-ocupados**	0,1	0,1	0	0
Trabalhadores autônomos – camada baixa	0,5	0,6	0,2	0,2
Operários e assalariados populares	2,3	2,8	0,8	0,9
Trabalhadores domésticos	2,8	3,3	1	1,2
Assalariados rurais permanentes	4,2	3,2	1,3	0,9
Autoconsumo – não-ocupados***	0,7	0,6	0,4	0,2
Proprietários por conta própria – rurais	10,1	8,0	3,6	2,4
Assalariados rurais temporários	2,1	2	0,5	0,5
Trabalhadores não-remunerados*	0,3	-	0,1	-
Trabalhadores autônomos rurais	0,5	0,5	0,2	0,1
Ocupados com autoconsumo****	0,2	0,4	0,1	0,1
Sem ocupação	1,9	2,8	0,2	0,3

* Grupo residual, em termos familiares, encontra-se na quarta camada em 1992 e na terceira em 1998. Auxiliam seus familiares em empreendimentos por conta própria, sem remuneração regular, tanto no setor rural como no urbano.
** Trabalhadores que se declararam não-ocupados na semana de referência, mas que estiveram ocupados com construção própria ou reformas.
*** Trabalhadores que se declararam não-ocupados na semana de referência, mas que estiveram ocupados com produção para seu próprio consumo.
**** Ocupados com a produção para seu próprio consumo.
Fonte: IBGE, elaborada pelo Prof. Waldir Quadros (Unicamp), publicado em Folha de São Paulo, 07/10/2001.

Tabela 18 – Distribuição funcional de renda, 1994-1999 (% do PIB)

Discriminação	1994	1995	1996	1997	1998	1999
Excedente operacional bruto[1]	38,4	40,3	41,0	42,8	42,3	41,4
Remuneração dos empregados	40,1	38,3	38,5	37,5	38,2	37,5
Salários	(32,0)	(29,6)	(28,8)	(27,8)	(27,5)	(26,5)
Rendimento de autônomos	5,7	5,9	5,7	5,6	5,5	5,1
Impostos líquidos de subsídios	15,8	15,6	14,8	14,2	13,9	16,0

1. Inclui lucros, aluguéis e juros.
Fonte: IBGE e Gonçalves e Pomar (2002: 68).

Uma outra maneira de constatar os impactos distributivos da década sobre a distribuição é analisar a distribuição funcional da renda, como apresentado na tabela 18. Por essas informações, observa-se que a participação do excedente operacional bruto no PIB (soma de lucros, aluguéis e juros) é crescente no período 1994-1999, ao mesmo tempo em que a parcela referente a remunerações, especificamente a salários, apresenta tendência inversa. Se comparadas com o início da década, essas participações no PIB denotam uma tendência ainda mais clara. O excedente operacional bruto representava 33% do PIB em 1990, chegando a 41,4% nove anos depois. Por sua vez, as remunerações caíram de 45% do PIB para 37,5% no período 1990-1999.

Todavia, analisando a composição desse excedente operacional bruto, as conclusões são ainda mais interessantes. A tabela 19 apresenta a evolução dos rendimentos do trabalho e do capital, dividindo este entre lucros e juros.

As maiores rentabilidades ligadas a lucros e juros frente à evolução do rendimento do trabalho só confirmam a trajetória da distribuição funcional da renda. Entretanto, a brutal diferença entre a rentabilidade financeira, seja dos títulos públicos ou do patrimônio bancário, e a rentabilidade do capital produtivo evidencia a crescente participação dos rendimentos financeiros dentro do excedente operacional bruto ao longo da década de 90.

De fato, entre 1994 e 2000, as 30 maiores instituições financeiras do país já acumulavam mais de R$ 21 bilhões em lucros líquidos,[12] representando um crescimento de 313,5% comparando 1994 e 2000 (tabela 20).

Tabela 19 – Renda do trabalho e do capital (1994-2000)

Discriminação	1994	1995	1996	1997	1998	1999	2000	Média 1995-2000*
Trabalhador								
- Rendimento médio do pessoal ocupado[1]	100,4	106,7	118,0	126,7	129,3	128,7	121,6	3,4
- Massa de salários reais[2]	92,5	98,4	105,5	101,6	102,9	102,0	94,8	0,5
- Total de horas pagas[2]	100,5	100,2	90,7	86,3	80,0	75,3	76,5	-4,4
Capitalista, lucro								
- Rentabilidade do patrimônio das 500 maiores empresas (%)	10,7	6,1	5,0	4,8	4,2	-2,7	7,3	4,1
Rentista, juro								
- Rentabilidade real anual dos títulos públicos (%)	24,2	33,4	16,5	16,1	26,6	4,7	7,0	17,4
- Rentabilidade anual do patrimônio dos maiores bancos privados nacionais	13,7	12,2	14,6	13,8	18,7	20,8	13,8	15,7

* Média aritmética das taxas anuais de crescimento.

---

[12] Curiosamente, trata-se de um montante equivalente ao gasto pelo governo federal com o PROER.

1. Índice IBGE, julho 1994 = 100.
2. Índice FIESP, junho 1994 = 100.
Fontes: Conjuntura Econômica, agosto de 2001; Exame, Melhores e Maiores, 2001 e Andima, Retrospectiva, diversos anos, apud Gonçalves e Pomar (2002: 68).

Tabela 20 – Lucro líquido dos bancos (em R$ milhões) 1994-2000

Bancos[1]	1994	1995	1996	1997	1998	1999	2000	Evolução 94-00 em %
1- Itaú	320,1	373,7	593,4	720,4	1300,9	1995,5	1830,3	471,68
2- Bradesco	445,7	540,1	824,5	830,5	1012,4	1104,8	1740,1	290,42
7- ABN – Amro	29	78,8	87,7	120,4	-102,8	142,3	257,43	788,25
11 – Citibank	46,3	27,1	104,8	124,1	103,3	458,9	202,3	336,73
13 – Bank Boston	27,6	42,1	45,6	74,9	108,2	175,5	185,21	569,29
14 – Banco JPM	2,5	3,3	7,0	21,9	101,3	240,08	147,27	5684,3
17– JP Morgan (Chase)	24,4	18,2	74,9	15,2	71,09	429,17	114,2	366,87
25 – Lloyds TSB	1,6	-23,3	-10,8	-14,9	6,63	54,73	75,56	4640,2
27-Bank of America	1,9	3,2	22,0	28,2	33,91	190,27	63,3	3213,6
Total[2]	2172	-2006	-4603	3926	3607	8993	8982	313,5

1. O número corresponde ao ranking entre as 30 maiores instituições financeiras por ordem decrescente de lucro líquido em 2000.
2. 30 maiores instituições financeiras.
Fonte: Austin Asis, publicado em *O Globo* 21/11/2001.

A abertura financeira, com o conseqüente aumento das remunerações financeiras, em detrimento de rentabilidades operacionais, tendo em vista as altas taxas de juros ao longo de toda a década de 90, foi o fator preponderante nessa alteração do perfil da distribuição da renda funcional na economia brasileira. Dentre todos os efeitos da manutenção de altas taxas de juros por longo tempo, tem-se que estas "são incompatíveis com qualquer desconcentração de renda. O excedente como um todo, incluindo os lucros, precisa ser muito alto, o que conduz a uma divisão da renda nacional ainda mais perversa, com um avanço feroz do capital sobre os rendimentos do trabalho" (Benjamin et alii, 1998: 41).

Os altos juros domésticos, a especulação cambial, incluindo aqui a crescente oferta de títulos públicos com cobertura cambial, e a facilidade de movimentação de capitais explicam não apenas o brutal crescimento dos lucros do setor bancário na década de 90, mas também a alteração de sua composição, que deixam de ter origem principal no fornecimento de crédito (77% em 1991) e passam a originar-se cada vez mais de operações de tesouraria com juros, dólar e investimentos externos (43% em 1999).

A tudo isso deve-se somar os fenômenos da desnacionalização e da concentração bancária, como visto anteriormente, e o fato de que as empresas de intermediação financeira apresentaram a maior concentração de receita declarada ao Imposto de Renda da Pessoa Jurídica (IRPJ) em 1999.[13] Essas empresas representaram 0,3% dos contribuintes do setor financeiro e tiveram uma receita cerca de 17% do total declarado no período nesse setor. A receita média no setor chegou a um equivalente de R$ 28,8 milhões. Por outro lado, 13,5% das indústrias concentravam nesse ano 40% das receitas declaradas no setor industrial.

Enquanto o excedente operacional bruto, notadamente a renda financeira, foi beneficiado na década de 90,[14] o mercado

---

[13] Isso segundo as informações do *Perfil do Declarante da Pessoa Jurídica* divulgado pela Receita Federal para o ano-base 1998.

[14] "Essa transferência não teve sequer o atenuante de aumentar o investimento, cuja participação no PIB caiu de 20,6% em 1990 para 16,2% em 1996. A concentração de renda operou principalmente como um mecanismo concentrador de consumo" (Benjamin et alii, 1998: 92).

de trabalho não parece possuir o mesmo papel central dentro do projeto implementado nos anos 90.

Entre os anos 1940 e 1980, o mercado de trabalho brasileiro apresentou claros sinais de estruturação em torno do emprego assalariado regular (urbano).[15] Nesse período, assistiu-se a uma redução da participação relativa das ocupações sem registro, sem remuneração e por conta própria, ao mesmo tempo em que ocorreu uma crescente formalização de parcelas da população economicamente ativa (PEA) e uma redução das taxas de desemprego (tabela 21).

A partir de 1980, ocorreu uma inflexão na tendência de estruturação do mercado de trabalho brasileiro. Apesar de uma política macroeconômica agressiva de geração de elevados superávits comerciais, como forma de atender ao pagamento do serviço da dívida externa, manteve-se o nível de assalariamento da PEA em torno dos 62% entre 1980 e 1991. Entretanto, a composição dos empregados com registro e sem registro entre os assalariados sofreu significativa alteração. Os empregados com registro passaram de 49,2% em 1980 para 36,6% em 1991, enquanto os empregados sem registro dobraram sua participação entre os assalariados: de 13,6% para 26% entre 1980 e 1991. Ainda nesse período, o indicador de precarização (total dos sem remuneração, sem registro e desempregados, como proporção da PEA) passou de 25,6% para 35,6%.

---

[15] Uma análise mais minuciosa dos processos de estruturação (1940/70) e desestruturação (1980/90) do mercado de trabalho brasileiro pode ser encontrada em Pochmann (1999).

Tabela 21 – Evolução da população economicamente ativa,
da condição de ocupação e do desemprego

ITENS	1940	1980	1989	1991	1995**	1999
PEA (mil)	15.751,0	43.235,7	62.513,2	58.456,2	70.750,5	79.315,3
	(100%)	(100%)	(100%)	(100%)	(100%)	(100%)
Empregador	2,3%	3,1%	4,2%	3,9%	3,9%	3,7%
Conta própria	29,8%	22,1%	21,2%	23,9%	22,4%	20,9%
Sem remuneração	19,6%	9,2%	7,6%	5,4%	9,0%	12,6%
Assalariado	42,0%	62,8%	64,0%	62,6%	58,2%	53,2%
- Com registro	12,1%	49,2%	38,3%	36,6%	30,9%	26,5%
- Sem registro	29,9%	13,6%	25,7%	26,0%	27,3%	26,7%
Desempregado	6,3%	2,8%	3,0%	4,2%	6,4%	9,6%
Indicador de precarização*	55,8%	25,6%	36,3%	35,6%	42,7%	48,9%

* O indicador de precarização é composto pela soma de "Sem remuneração", "Sem registro" e "Desempregado". Optou-se por não incluir os "Conta própria" no indicador, pois neste item estão incluídas categorias que não caracterizam emprego precário. Problema semelhante ocorre com o item "Sem registro", mas se optou por incluí-lo no indicador porque se considera que a participação de formas precárias de emprego é majoritária.

** Exclui o conjunto de pessoas não-remuneradas com menos de 15 horas semanais de trabalho e os ocupados pelo autoconsumo.

Fonte: IBGE, Censos Demográficos e Pochmann (1999: 74).

Nos anos 90 os sinais de desestruturação do mercado de trabalho tornaram-se ainda mais evidentes. Observa-se nessa década um movimento de desassalariamento, provocado fundamentalmente pela eliminação dos empregos com registro, que representavam 38,3% da PEA ao final da década de 80 e chegam a 26,5% em 1999. Chama a atenção também a forte elevação do indicador de precarização, que passa de 35,6% da PEA em 1991 para 42,7% em 1995, e 48,9% em 1999. Deve-se notar que, embora todos os componentes do indicador tenham contribuído para sua elevação, o item *desempregado* o fez em maior proporção.

Desassalariamento, precarização e desemprego parecem ter sido as palavras de ordem na implantação do projeto neoliberal para o mercado de trabalho no Brasil dos anos 90. Não bastasse isso, as pressões por maior desregulamentação do mercado de trabalho brasileiro persistem.

Com tudo isso, pode-se afirmar que o perfil distributivo da economia brasileira foi agravado na década de 90 por conta do processo de abertura externa, intensificado pela sobrevalorização cambial entre 1994-1999 e pelas altas taxas de juros, que provocaram o crescimento do excedente operacional bruto, especificamente dos rendimentos financeiros, e a redução da participação salarial na renda nacional. Além disso, os fenômenos da informalização e do desemprego que caracterizaram o mercado de trabalho na década de 90 também contribuíram para elevar a concentração de renda no país.

Esses resultados não deveriam ser surpreendentes. As constatações de que os processos de abertura externa na América Latina, ao invés de redistribuírem renda, levaram a uma exacerbação de sua concentração já são tematizadas até pelos defensores desses processos. Em amplo estudo, Slaughter (2000: 01) afirma: "the central message here is that many developing countries have recently seen income inequality *rise*, not fall, subsequent to trade and FDI (foreign direct investment) liberalization".

Estudos menos isentos também constatam a situação: "las cifras indican que hoy en día, efectivamente, la desigualdad de América Latina en su conjunto es la más alta del mundo, que la desigualdad empeoró en los años ochenta y que no ha mejorado en los noventa. La opinión pública de la región a este respeito parece ser, entonces, bastante acertada" (Londoño e Székely, 1998: 196).[16]

Mesmo com esse reconhecimento, várias "justificativas" são apresentadas para isentar as reformas neoliberais de qualquer responsabilidade na concentração de renda nos países que as implementaram. A principal delas pode ser assim resumida:

> "Deve ser enfatizado que não estamos argumentando que a distribuição de renda na América Latina não piorou nas últimas duas décadas. Os dados são claros neste ponto. Argumentamos, contudo, que somente com mais tempo o impacto de longo prazo das próprias políticas de liberalização, sem os efeitos das políticas de estabilização ou dos impactos transicionais, serão mensuráveis..." (Baer e Maloney, 1997: 58).

A partir disso, estudos como os do BID (1998a e 1998b) continuam reafirmando políticas trabalhistas convencionais (flexibilização e desregulamentação das normas trabalhistas) e políticas sociais compensatórias, aliadas de uma "pseudo-teoria" do capital humano, que defende o investimento em educação como forma de gerar empregos e reduzir desigualdades.[17]

Três observações a respeito desse argumento são imediatas: (i) de fato, considera-se o processo de estabilização como algo externo ao programa de reformas, quando se trata de avaliar os resultados, quando na verdade o primeiro é defendido como pre-

---

[16] Mesmo assim, estes autores ainda têm a desfaçatez de afirmar que as reformas neoliberais não têm nada com isso. Ao contrário, afirmam eles, a situação seria pior sem elas. Apenas do ponto de vista metodológico, trata-se de mais um sintoma da *síndrome de imunidade auto-atribuída*. Como é impossível verificar a situação da região sem as conseqüências das reformas, pela simples razão objetiva de que elas foram de fato implementadas, o argumento é desmerecedor de maiores comentários.

[17] Os merecidos comentários críticos à "teoria" do capital humano (sic) serão feitos no próximo item.

condição para o segundo, no discurso teórico-ideológico; (ii) os dados que expressam o resultado de uma década, e deveriam ser fundamentais justamente para avaliar esse resultado, não parecem ser muito importantes, ao menos não enquanto neguem o discurso ideológico;[18] e (iii) se é tudo uma questão de tempo, de quanto tempo as reformas precisarão para fornecer as decantadas benesses distributivas? Será que seus teóricos e ideólogos nos esclarecerão a respeito e anunciarão sua chegada? Até lá, aceitando a inocente crença de que exista esse tempo, propõe-se o aprofundamento das reformas!

1. Distribuição de riqueza: um exercício de estimação

Além do efeito direto que o processo de abertura e as reformas exercem sobre a distribuição de renda, ocorre ainda um efeito indireto. O processo de abertura externa, principalmente a liberalização financeira, incluindo o efeito da abertura ao investimento direto estrangeiro, tende a provocar uma concentração de riqueza, fornecendo um caráter mais rígido/estrutural à crescente concentração de renda, o que remete à questão da propriedade dos ativos. Confirmando-se essa tendência, pode-se fazer duas afirmações. Em primeiro lugar, o aumento da concentração de riqueza torna a já elevada concentração de renda cada vez mais estrutural/rígida ao concentrar a propriedade dos ativos. Em segundo lugar, essa maior concentração de riqueza relega um papel cada vez mais inócuo ou, na melhor das hipóteses, meramente paliativo às políticas sociais tradicionais de compensação, justamente por causa do primeiro aspecto ressaltado.

---

[18] Triste fim para uma tradição que se pretende positivista!

A importância da concentração de propriedade de ativos em nada fornece qualquer seriedade à "teoria" do capital humano, única forma como a ideologia hegemônica tangencia a temática sobre a concentração de riqueza. De acordo com esse argumento, a causa fundamental da concentração de renda e dos baixos salários vigentes no mercado de trabalho é a baixa produtividade dos trabalhadores, determinada pelo baixo estoque de capital humano que lhes é característico.

Não bastasse a curiosa "conceituação" que pretende apagar a distinção entre capital e trabalho pela simples consideração de que trabalhadores seriam capitalistas de si mesmos, o argumento incorre na clássica falácia da composição. O máximo que o aumento de capital humano é capaz de produzir é a elevação de competitividade de um indivíduo em relação a outro, dadas as vagas no mercado de trabalho. Aplicar esta lógica ao conjunto dos indivíduos significa imaginar que o aumento do estoque de capital humano do conjunto de trabalhadores seria suficiente para aumentar o número de vagas. Afora a questão maior e mais importante de que a educação se justifica por razões relacionadas à cidadania e à humanidade, o que se pode obter em termos de emprego, no máximo, é a proliferação de instruídos desempregados, uma vez que a demanda por trabalho tem outros determinantes. O que está implícito na "teoria" do capital humano é sua tentativa de imputar a "culpa" pela exclusão social e pela pobreza à própria vítima. O trabalhador, supostamente, não racionalizaria corretamente a importância da educação; mais uma falha de mercado.

O processo concentrador da propriedade na história do Brasil passa, por um lado, pela forma de organização latifundiária da propriedade da terra e, por outro, por uma industrialização/urbanização caracterizada pela concentração da propriedade dos meios de produção nos grandes grupos privados nacionais e internacionais (Gonçalves, 1999c: 54).[19] Na última década de 90, em específico, a distribuição de riqueza foi muito influenciada pelos efeitos da liberalização financeira que, com as altas taxas de juros, com a valorização dos ativos financeiros e com o amplo processo de fusões/aquisições e privatizações, provocaram um crescimento da concentração de riqueza no país.

Gonçalves (1990) estimou o estoque total de riqueza no país em US$ 1.219 bilhões para 1989. Para tanto, o autor dividiu o estoque de ativos em quatro grandes classes: ativos físicos, ativos financeiros, patrimônio líquido de empresas privadas e bens de consumo duráveis. Dentro dos ativos físicos, o autor atualizou o valor total de terras fornecido pelo Censo Agropecuário de 1980, através do deflator do dólar norte-americano (50% para o período entre 1980 e 1989), chegando a um total de US$ 271 bilhões. No que se refere aos imóveis rurais (imóveis, veículos e instalações), o valor de US$ 205 bilhões também foi obtido pela atualização dos dados do Censo Agropecuário de 1980 (US$ 105,4 bilhões), considerando o deflator do dólar norte-americano e a taxa de crescimento do estoque de bens rurais suposta como equivalente à taxa de crescimento do produto real do setor agropecuário (29,6% entre 1980 e 1989). Para os imóveis urbanos, multiplicou-se o número de domicílios particulares permanentes na área urbana, fornecido pela PNAD (24,4 milhões) pelo valor médio de imóveis urbanos no final de 1989 (US$ 15 mil).

Os ativos financeiros, por sua vez, podem ser divididos em monetários (papel moeda em poder do público e depósitos à vista) e não-monetários (depósitos em poupança, depósitos a

---

[19] Para uma discussão mais pormenorizada da origem e da evolução da concentração de riqueza no Brasil ver Benjamin et alii (1998).

prazo, títulos do governo federal em poder do público e outros). O Banco Central do Brasil, em 31/12/1989, informava um total de US$ 9 bilhões para a primeira subclasse e US$ 119 bilhões para a segunda.

No tocante ao patrimônio líquido das empresas privadas, Gonçalves (1990: 23) estimou o patrimônio líquido das empresas não-financeiras a partir do valor anunciado pela revista "Quem é Quem na Economia Brasileira" (1989) para as 7.991 grandes e médias empresas do setor, supondo que estas respondiam por 50% do valor total, e adicionou o patrimônio líquido das empresas financeiras chegando a US$ 201 bilhões para essa classe de ativo em 1989. Finalmente, para o estoque de bens de consumo duráveis, Gonçalves (1990: 23) supôs que esses correspondiam a 5% do estoque de ativos físicos e financeiros, baseado em informações para a Grã-Bretanha em 1966, segundo Atkinson (1972: 07).

A estimativa de Gonçalves (1990) para a participação de 1% dos mais ricos na propriedade do valor de cada ativo baseou-se em outras informações contidas em estudos anteriores, como Atkinson (1972), Lampman (1959) e Suplicy (1989), além de suposições próprias elaboradas pelo próprio autor. Essa participação, tanto em termos percentuais como em bilhões de dólares americanos, encontra-se na tabela 22.

Segundo o exercício estimativo do autor, observa-se que o 1% dos mais ricos possuía em 1989 46,5% do valor dos ativos físicos (US$ 391 bilhões), 60,2% dos ativos financeiros (US$ 77 bilhões), 85,1% do patrimônio líquido de empresas privadas (US$ 171 bilhões) e 16,3% do valor dos bens de consumo duráveis (US$ 8 bilhões). Em termos totais o 1% dos mais ricos possuía US$ 647 bilhões, 53,07% do total de ativos no Brasil em 1989.

Tabela 22 – Distribuição de riqueza no Brasil (1989)

Ativos	Total (US$ bilhões)	1% dos mais ricos (US$ bilhões)	1% dos mais ricos (%)
Ativos físicos	**841**	**391**	**46,5**
–Terras	271	170	62,7
– Imóveis rurais	205	129	62,9
– Imóveis urbanos	365	92	25,2
Ativos Financeiros	**128**	**77**	**60,2**
– Moeda[1]	9	3	33,3
– Depósitos[2]	45	19	42,2
– Títulos federais	62	44	72,0
– Outros	12	11	90,0
Patrimônio líquido de empresas privadas	201	171	85,1
Bens de consumo duráveis	49	8	16,3
Total	**1.219**	**647**	**53,07**

1. Inclui papel-moeda em poder do público e depósitos à vista.
2. Depósitos em poupança e a prazo.
Fonte: Gonçalves (1990: 32).

Considerando todas as dificuldades inerentes a uma estimativa inicial de alguma variável que não é normalmente trabalhada, como foi o caso de Gonçalves (1990), o que se pretende agora sofre de uma dificuldade adicional. Não bastasse a escassez/insuficiência de informações para estimar o valor dos ativos físicos e o patrimônio líquido de empresas privadas, a tentativa de estimação da distribuição de riqueza no Brasil para 1999, atualizando o estudo de Gonçalves (1990), depara-se com a dificuldade adicional de saber a participação de 1% dos mais ricos na propriedade de cada ativo específico para o ano de 1999. Optou-se aqui por manter os supostos feitos pelo autor para 1989, de forma que as modificações na distribuição de riqueza em 1999, de acordo com o exercício aqui apresentado, refletirão apenas as diferentes taxas de crescimento no valor dos ativos.

A atualização do valor de cada ativo para 1999 foi feita da seguinte maneira:

(I) Ativos físicos:

– valor das terras[20] = área total cultivada (353.611.115 Ha) x preço médio das terras no segundo semestre de 1999 (R$ 1.441,96 por Ha) = R$ 509,89 bilhões / taxa de câmbio em 31/12/1999 (R$ 1,8428 por dólar) = US$ 276,69 bilhões.

– imóveis rurais = valor em 1989 (US$ 205 bilhões) x taxa de crescimento do produto real do setor agropecuário 1990-99 (32,9%)[21] x [1 + (deflator do dólar americano no período 33,4%)] = US$ 363,43 bilhões.

– imóveis urbanos = número de domicílios particulares permanentes na área urbana, segundo PNAD (1999), (38,5 milhões) x valor médio de imóveis urbanos no final de 1999[22] (US$ 17 mil) = US$ 654,5 bilhões.

(II) Ativos financeiros em 31/12/1999:[23]

– monetários = papel-moeda em poder do público (R$ 25,951bilhões) + depósitos à vista (R$ 36,794 bilhões) = R$ 62,745 bilhões / taxa de câmbio em 31/12/1999 (R$ 1,8428 por dólar americano) = US$ 34,048 bilhões.

– depósitos = poupança (R$ 111,407 bilhões) + a prazo (R$ 129,311 bilhões) = R$ 240,718 bilhões / taxa de câmbio em 31/12/1999 (R$ 1,8428 por dólar americano) = US$ 130,626.

---

[20] Segundo informações de Agroanalysis (2000).
[21] De acordo com o Boletim do Banco Central.
[22] Segundo a edição n. 95 da *Revista Secovi-SP Indústria Imobiliária*, de dezembro/99-janeiro/00. Ver também www.secovi-sp.com.br, www.abmh.org e www.cbic.org.br.
[23] Boletim do Banco Central, vários números, e Andima (2001).

– títulos do governo federal em poder do público = R$ 383,57 bilhões / taxa de câmbio em 31/12/1999 (R$ 1,8428 por dólar americano) = US$ 208,14 bilhões.

– outros = saldo dos fundos (US$ 77,68 bilhões) + ações (US$ 1,5 bilhão) + títulos privados (US$ 68,97 bilhões) + derivativos (US$ 2,37 bilhões) = US$ 150,5 bilhões.

(III) Patrimônio líquido de empresas privadas:

– empresas não-financeiras[24] = US$ 236,2 bilhões.

– empresas financeiras[25] = patrimônio líquido dos fundos (R$ 233,684 bilhões) + patrimônio líquido dos bancos (R$ 256,3 bilhões) = R$ 489,98 bilhões / taxa de câmbio em 31/12/1999 (R$ 1,8428) = US$ 265,89 bilhões.

(IV) Bens de consumo duráveis = 5% (I + II) = US$ 90,89 bilhões.

As informações estão sintetizadas na tabela 23. Mesmo assumindo que a concentração dentro de cada ativo não foi alterada entre 1989 e 1999, o que obviamente fornece ao exercício um caráter de subestimação da concentração de riqueza, é possível constatar que esta última foi acentuada nos anos 90. Se em 1989 o 1% dos mais ricos possuía 53,07% do total da riqueza no Brasil, em 1999 essa participação passou para 56,45%.

---

[24] Valor obtido a partir do patrimônio líquido das maiores empresas privadas não-financeiras, segundo a revista *Conjuntura Econômica* (2000), em um total de R$ 217,65 bilhões, e supondo que isso correspondesse a 50% do patrimônio líquido de todas as empresas não-financeiras.

[25] Segundo Boletim do Banco Central e Andima (2001).

Tabela 23 – Distribuição de riqueza no Brasil (1999)

Ativos	Total (US$ bilhões)	1% dos mais ricos (US$ bilhões)	1% dos mais ricos (%)
Ativos físicos	**1.294,62**	**567,08**	**43,8**
–Terras	276,69	173,48	62,7
– Imóveis rurais	363,43	228,6	62,9
– Imóveis urbanos	654,5	165	25,2
Ativos financeiros	**523,3**	**351,8**	**67,23**
– Moeda[1]	34,048	11,33	33,3
– Depósitos[2]	130,626	55,12	42,2
– Títulos federais	208,14	149,9	72,0
– Outros[3]	150,5	135,45	90,0
Patrimônio líquido de empresas privadas	**502,09**	**427,27**	**85,1**
Bens de consumo duráveis	**90,89**	**14,81**	**16,3**
Total	**2.410,9**	**1.360,96**	**56,45**

1. Inclui papel-moeda em poder do público e depósitos à vista.
2. Depósitos em poupança e a prazo.
3. Inclui saldo dos fundos, ações, títulos privados e derivativos.
Fonte: Agroanalysis (2000); Boletim do Banco Central; Conjuntura Econômica (2000) e Andima (2001).

Isso ocorreu por conta principalmente do maior crescimento no valor dos ativos que apresentam maior concentração de propriedade: o patrimônio líquido de empresas privadas, especialmente as financeiras, e os ativos financeiros. Portanto, a liberalização e a abertura financeira parecem ter reforçado a concentração de riqueza, uma vez que propiciaram o maior crescimento dos ativos em que predomina a propriedade de 1% dos mais ricos.

O que os dados da economia brasileira na década de 90 mostram é inquestionável. Além de propiciar um substancial aumento da vulnerabilidade externa da economia brasileira, o processo de abertura externa que caracterizou os anos 90 levou a uma exacerbação da concentração de renda, tanto por seus efeitos na distribuição funcional da renda e na estrutura ocupacional do mercado de trabalho como pela acentuação de seu determinante mais estrutural, a concentração de riqueza. Assim, apenas para não ir além do meramente factual, comprova-se que as teses ortodoxas de defesa da abertura externa brasileira como forma de propulsionar o crescimento e reduzir a concentração de renda foram totalmente desmentidas.

Conclusão

A perspectiva neoliberal de desenvolvimento ganhou espaço teórico e ideológico no último quarto do século XX. Sua efetiva implementação ocorreu de forma pioneira e concentrada nos países periféricos.

Segundo essa perspectiva, as reformas estruturais que incentivassem o funcionamento do mercado, apoiado na iniciativa privada e na menor presença estatal nas atividades econômicas, garantiriam a retomada das altas taxas de investimento e o crescimento econômico com distribuição de renda.

A retomada do desenvolvimento econômico estaria limitada pelo contexto de esgotamento da perspectiva estruturada no processo de substituição de importações. Esta, a partir da liderança estatal, estaria caracterizada pela implementação de políticas de protecionismo comercial, de repressão financeira e de forte regulamentação dos mercados, principalmente do mercado de trabalho. Mais especificamente, foram propostas as reformas estruturais de abertura comercial, de liberalização financeira interna e externa, de desregulamentação dos mercados, de privatização de estatais e serviços públicos, e de eliminação da maior parte dos subsídios como forma de liberalizar os preços. Essas medidas na visão neoliberal formariam o único tipo de estratégia econômica capaz de garantir a inserção desses países periféricos no decantado novo processo de globalização.

É nesse contexto que se inserem as propostas de defesa da abertura externa como forma de garantir uma inserção internacional benéfica para esses países. Do ponto de vista da abertura comercial, existiriam três conseqüências desejáveis para os países periféricos: (i) melhora na alocação dos recursos e, portanto, na eficiência econômica, segundo os preceitos do modelo de vantagem comparativa; (ii) elevação das taxas de crescimento da produção por intermédio da elevação da produtividade, em decorrência da maior concorrência exercida pelos produtos externos; e (iii) melhora da distribuição de renda em favor do fator abundante (trabalho desqualificado no caso específico das economias periféricas), além da elevação dos salários reais por conta do choque de produtividade proporcionado pela concorrência externa. Ainda com os questionamentos dos novos modelos do comércio internacional sobre determinados supostos do modelo original, a abertura comercial seria desejável, dentre outras coisas, por fornecer acesso à tecnologia incorporada nos bens importados, uma vantagem dinâmica não apontada pelo modelo original. Esses novos modelos destacam, ainda, o efeito pró-competitivo do comércio exterior.

A abertura financeira é justificada, por sua vez, pelas supostas vantagens trazidas pela livre mobilidade de capitais, afirmando que ela aperfeiçoaria a intermediação financeira global entre poupadores e investidores, permitindo a canalização da poupança externa para países com insuficiência de capital. Isto ajudaria também no financiamento compensatório de choques externos e, portanto, na estabilização do gasto interno. Defende-se ainda a abertura ao livre movimento de capitais porque ela levaria à perda de autonomia de política econômica para os países que a implementarem, o que seria salutar, já que isso reduziria o risco de políticas inadequadas ao novo contexto de globalização financeira e proporcionaria uma maior uniformização das políticas econômicas.

Independente das justificativas ortodoxas para a abertura

externa apresentarem uma mudança de forma ao longo do tempo, passando de uma defesa do tratamento de choque para o argumento da seqüência ótima e, posteriormente, para o revisionismo do pós-Consenso de Washington, o conteúdo das políticas apregoadas continua o mesmo. A inserção internacional dos países periféricos deveria ser norteada pelo processo de abertura externa, comercial e financeira, ainda que o Estado devesse atuar como regulador-supervisor em mercados que apresentassem determinadas imperfeições.

A implementação pioneira desse tipo de política ocorreu na década de 70 em países do Cone Sul, como Chile e Argentina, ambos sob a liderança de ditaduras militares. A partir de 1982, o México também passou a executar uma estratégia neoliberal de desenvolvimento, no que foi acompanhado novamente pela Argentina na virada dos anos 80 para os 90. O que essas experiências latino-americanas demonstraram é que esse tipo de política provocou um aumento da vulnerabilidade externa dessas economias, que se manifestou em crônicos déficits em suas contas externas e superendividamento público. Essa vulnerabilidade, ao mesmo tempo em que gerou regimes de baixas taxas de crescimento, culminou na deflagração de crises cambiais e/ou financeiras em 1981-82 no Chile e na Argentina, em 1994 no México e, novamente, na Argentina em 2001-2002. A tendência à concentração de renda também foi observada nessas experiências latino-americanas de abertura externa.

Contrariamente ao que se defende como o melhor caminho para os países em desenvolvimento, a política efetivamente aplicada nos países centrais não condiz muito com a radicalidade do discurso neoliberal que seus governos costumam empregar. Como visto, mais do que no lado financeiro, é no aspecto comercial que o paradoxo entre o discurso neoliberal e a prática política se apresenta, tanto nos EUA como na União Européia. Mesmo a abertura e a internacionalização financeiras foram adotadas como forma de financiamento, não só de déficits externos, mas principalmente do crescente estoque da dívida pública desses países. Durante a década de 80, esse estoque nos países da OCDE cresceu cerca de 300%.

Frente ao paradoxo *discurso ideológico – prática efetiva dos países centrais*, o Brasil optou tardiamente pelo ideário contido no primeiro e implementou uma estratégia de inserção internacional passiva ao longo dos anos 90. Como visto, tanto o processo de abertura comercial como o de abertura financeira foram iniciados já na virada dos anos 80 para os 90. O elemento de estabilização do programa neoliberal só foi obter sucesso relativo na segunda metade da década.

Ainda que a implementação das reformas neoliberais no Brasil não tenha seguido a seqüência ótima propugnada pela teoria convencional e recomendada pelo Consenso de Washington, o importante a ressaltar é que a idéia de que só através dessas reformas é que a economia brasileira iria obter um novo regime com altas taxas de crescimento e com redução da concentração da renda sempre esteve presente na opção de desenvolvimento adotada na década de 90. Assim, com seqüência ótima ou não, o fato é que as políticas econômicas do período pertencem à tradição neoliberal, por mais que seus formuladores procurem dissimular.

Os resultados dessas políticas repetiram os obtidos pelas experiências latino-americanas anteriores. Entre 1995 e 2000 o déficit comercial totalizou US$ 25,5 bilhões, que somados aos US$ 148,1 bilhões de déficit na conta de serviços redundaram em um déficit em transações correntes de US$ 158,3 bilhões entre 1995 e 2000. Esse crônico déficit externo colocou a necessidade de um crescente financiamento externo, que se traduziu em um subs-

Conclusão

tancial crescimento do endividamento externo (a dívida externa cresceu 184% entre 1989 e 2000) e no grande diferencial entre as taxas de juros internas em relação às internacionais, diferença necessária para a atração dos capitais forâneos. Este último aspecto, além de contribuir para o aumento da dívida pública (a dívida líquida do setor público apresentou uma elevação de 267% entre 1994 e 2000), definiu uma situação de restrição ao crescimento da economia do país.

Estes problemas de balanço de pagamentos, aliados à incapacidade do governo em saldar suas contas, reduziram a credibilidade externa do país, o que redundou em uma situação de fuga de capitais já no segundo semestre de 1998, conformando a crise cambial de janeiro de 1999.

Este quadro parece confirmar a validade da visão críticoconjuntural no que diz respeito à restrição externa ao crescimento que o país viveu ao longo da década de 90, assim como no que se refere à explicação da crise cambial de 1999.

Entretanto, os dados e os indicadores apresentados neste trabalho demonstram que os problemas de vulnerabilidade externa da economia brasileira na década de 90 não são conseqüência meramente de uma distorção de preços relativos refletidos na taxa de câmbio, mas refletem um caráter mais estrutural.

Em primeiro lugar, é inquestionável que os substanciais déficits na balança comercial guardam uma relação estreita com a sobrevalorização do câmbio real que ocorreu no período 1992-1998. Entretanto, a adoção do regime de bandas para o câmbio, no contexto da implementação do Plano Real, não foi o único responsável pela sobrevalorização, uma vez que esta já vinha se efetivando desde 1992, justamente por causa da maciça entrada de capitais que se seguiu ao início do processo de abertura e de liberalização financeiras. Por outro lado, o processo de abertura comercial provocou uma verdadeira mudança estrutural na economia brasileira. Reforçado pela valorização do câmbio, esse processo levou a um brutal crescimento das importações, que não foi seguido da elevação das exportações, conforme pregavam as teses ortodoxas. Com isso, a demanda tendeu a se deslocar dos produtos domésticos para os produtos importados, incrementando a propensão a importar da economia e intensificando a restrição externa ao crescimento, que se manifestou ao longo da década no clássico movimento de *stop and go*.

Em segundo lugar, não se pode desprezar o substancial déficit da conta de serviços, responsável por grande parte do déficit crônico em transações correntes que o país apresentou na década de 90. A abertura financeira e o capital estrangeiro (investimento externo direto e de portfolio), ao mesmo tempo que aliviavam no curto prazo os problemas do balanço de pagamentos, recolocavam o problema para períodos posteriores, na medida em que redundaram no acréscimo do passivo externo (estoque da dívida externa e de capital estrangeiro) e de seu serviço (serviço da dívida externa acrescido da remessa de lucros e dividendos). Portanto, a contínua e crescente necessidade de financiamento externo obrigou a manutenção de altos diferenciais entre os juros domésticos e os internacionais, definindo a restrição externa que impediu o crescimento da economia brasileira ao longo dos anos 90.

Além disso, a piora do perfil distributivo na última década, não captada pelo tradicional índice de Gini, pode ser observada tanto pelos efeitos diretos que o processo de abertura externa teve na distribuição funcional de renda e na estrutura ocupacional do mercado de trabalho como no efeito indireto dado pela acentuação de seu determinante mais estrutural, a concentração de riqueza.

Dessa forma, este estudo constatou que o processo de abertura externa no Brasil dos anos 90 levou a uma situação de acréscimo da vulnerabilidade externa de sua economia, expressa tanto nos desequilíbrios de fluxo (balanço de pagamentos e serviço do passivo externo) como nos de estoque (passivo externo e endividamento público). Portanto, o país defrontou-se com uma restrição externa estrutural ao crescimento e à acentuação da concentração de riqueza e renda. Ocorreu também a majoração da probabilidade de reversão de expectativas dos investidores internacionais, o que redunda em crises cambiais recorrentes com sérias implicações financeiras, como ocorreu em 1995, 1999 e em 2002, às vésperas da eleição presidencial. Assim, como resultado da liberalização e da desregulamentação, o Brasil entra no século XXI mergulhado em uma trajetória de instabilidade com restrição externa ao crescimento.

Referências Bibliográficas

AGOSIN, M. R. e FFRENCH-DAVIS, R. (1993) "La Liberalización Comercial en América Latina", *Revista de la Cepal*, n. 50, agosto, 41-62.

AGROANALYSIS (2000) *Agroanalysis: revista de agronegócios da FGV*, Vol. 20, n. 4, abril.

AKYÜZ, Y. (1991a) "Comercio y Finanzas: disyuntivas del ajuste estructural", *Pensamiento Iberoamericano* (20), Revista de Economía Política, Madrid, 285-307.

AKYÜZ, Y. (1991b) "Inestabilidad y Incertidumbre en los Mercados Financieros Internacionales", *Boletín del CEMLA*, vol. XXXVII, n. 6, nov/dez.

AKYÜZ, Y. (1992) "On Financial Openess in Developing Countries", *Working Paper*, Unctad, Genebra.

ANDIMA (2001) *O Novo Perfil do Sistema Financeiro – Relatório Econômico*, Rio de Janeiro, Associação Nacional das Instituições do Mercado Aberto.

ANDERSON, P. (1995) "Balanço do Neoliberalismo", em: Gentili, P. e Sader, E. (Orgs.) *Pós-neoliberalismo: as políticas sociais e o estado democrático*. Rio de Janeiro, Ed. Paz e Terra.

ATKINSON, A. B. (1972) *Unequal Shares Wealth in Britain*. Harmondsworth, Penguin Books Ltd.

BACEN (1997) *Investimentos Estrangeiros no Brasil – principais modalidades*, anexo II, Boletim do Banco Central do Brasil, maio.

BAER, W. e MALONEY, W. (1997) "Neoliberalismo e Distribuição de Renda na América Latina", *Revista de Economia Política*, vol. 17, nº 3 (67), julho/setembro: 39-62.

BAEZA, A. V. (1997) "Neoliberalismo vs. Intervencionismo no México: o retorno da mão invisível", *Leituras de Economia Política*, Campinas, (5), dezembro: 65-78.

BALASSA, B. (1982) *Development Strategies in Semi-industrial Economics*, N. Y. and London: Oxford University Press.

BANCO MUNDIAL (1987) *World Development Report*, Washington D. C., Oxford University Press.

BARROS, R. P. de, CRUZ, L. E., FOGUEL, M. e MENDONÇA, R. (1996) "Brasil: abertura comercial e mercado de trabalho", *OIT/IPEA*, mimeo.

BATISTA, P. N. (1994) "O Consenso de Washington: a visão neoliberal dos problemas latino-americanos", *Caderno da Dívida Externa*, n. 6.

BATISTA Jr., P. N. (2000) *A Economia como ela é...* São Paulo, Editorial Boitempo.

BAUMANN, R. e FRANCO, A. M. (2001) "Algumas Implicações do NAFTA para a Participação do Brasil na ALCA", Rio de Janeiro, *seminários DIMAC* n. 65, IPEA, agosto.

BENJAMIN, C.; ALBERTI, A. J.; SADER, E.; STÉDILE, J. P.; ALBINO, J.; CAMINI, L.; BASSEGIO, L.; GREENHALGH, L. E.; SAMPAIO, P. A.; GONÇALVES, R. e ARAÚJO, T. B. (1998) *A Opção Brasileira*, Rio de Janeiro, Ed. Contraponto.

BHAGWATI, J. (1978) *Anatomy and Consequences of Exchange Control Regimes*, Cambridge, MA: Ballinger Pub. Co. for NBER.

BID (1998a) *América Latina frente a la Desigualdad: progreso económico y social en América Latina*. Informe 1998-1999, Washington D. C.

BID (1998b) América Latina después de las Reformas, *Pensamiento Iberoamericano*, vol. extraordinario, Madrid.

BIELSCHOWSKY, R. (Org.) (2000) *Cinqüenta Anos de Pensamento na CEPAL*, Rio de Janeiro, Ed. Record, 2 volumes.

BILBAO, A. (2000) "Adam Smith: libertad individual y mercado", *Problemas del Desarrollo*, vol. 31, nº122, II Ec. – UNAM, México, julio-septiembre: 129-150.

BORÓN, A. A. (1994) *Estado, Capitalismo e Democracia na América Latina*, Rio de Janeiro, Ed. Paz e Terra.

BOTARO, R. F. (2001) "O Mercado de Títulos de Países Emergentes nos anos 90", *Finanças Públicas*: V Prêmio Tesouro Nacional, ESAF, Brasília.

BOUZAS, R. (1996) "La Crisis del Peso Mexicano y El Plan Argentino de Convertibilidad: virtud o impotencia monetaria?", em: Roett, R. (Org.) *La Crisis del Peso Mexicano: perspectivas internacionales*, México, Fondo de Cultura Económica.

CANO, W. (1999) "América Latina: do desenvolvimentismo ao neoliberalismo", em: Fiori, J. L. (Org.) *Estados e Moedas no Desenvolvimento das Nações*, Petrópolis, Ed. Vozes.

CANO, W. (2000) *Soberania e Política Econômica na América Latina*, São Paulo, Editora UNESP.

CARVALHO, F. C. (1998) "On Bank's Liquidity Preference. International", *JPKE Workshop*, 5. Proceedings. Knoxville, University of Tennessee.

CASTRO, A. B. (2000) "Reavaliação do Passado e Discussão do Futuro: uma perspectiva centrada no crescimento econômico", IE/UFRJ, *Texto para Discussão*, mimeo, julho.

CEPAL (1990) *Transformación Productiva com Equidad: la tarea prioritaria del desarrollo de América Latina y El Caribe en los años noventa*, Santiago do Chile, março.

CEPAL (1997) *La Brecha de la Equidad: América Latina, El Caribe y la cumbre social*, CEPAL/ONU.

CEPAL (1998) *América Latina y El Caribe: políticas para mejorar la inserción en la economía mundial*, Santiago do Chile, 2ª edição, Fondo de Cultura Económica.

CHESNAIS, F. (1996) *A Mundialização do Capital*, São Paulo, Ed. Xamã.

CHESNAIS, F. (1999a) "Introdução Geral", em: Chesnais, F. (Org.) *A Mundialização Financeira: gênese, custos e riscos*, São Paulo, Ed. Xamã.

CHESNAIS, F. (1999b) "Mundialização Financeira e Vulnerabilidade Sistêmica", em: Chesnais, F. (Coord.) *A Mundialização Financeira: gênese, custos e riscos*, São Paulo, Ed. Xamã.

CINTRA, M. A. M. (1999) *Uma Visão Crítica da Teoria da Repressão Financeira*, Campinas, Editora da Unicamp.

CONJUNTURA ECONÔMICA (2000) *500 Maiores Empresas do Brasil: ranking das S. A. não-financeiras*, Vol. 54, n°8, agosto.

CUNHA, A. M. (1998) "O Pacífico Asiático: da integração econômica dos anos 80 e 90 à crise financeira", *Anais do III Encontro Nacional de Economia Política*, Sociedade Brasileira de Economia Política.

DAMILL, M. e KEIFMAN, S. (1992) "Liberalización del Comercio en una Economía de Alta Inflación: Argentina 1989-91", *Pensamiento Iberoamericano*, n. 21: 103-127.

DELFIM NETTO, A. (1997) "O Plano Real e a Armadilha do Crescimento Econômico", em: Mercadante, A. (Org.) *O Brasil Pós-Real: a política econômica em debate*, Campinas, IE-Unicamp.

DELFIM NETTO, A. (1998) *Crônica do Debate Interditado: artigos, entrevistas e ensaios*, Rio de Janeiro, Ed. Topbooks.

DEMIRGÜÇ-KUNT, A. e DETRAGIACHE, E. (1998) "Financial Liberalization and Financial Fragility", *IMF Working Paper 93/83*, Washington D. C.

DIAZ-ALEJANDRO, C. (1985) "Good-bye Financial Repression, Hello Financial Crash", *Journal of Development Economics*, 19, North-Holland, 1-24.

DORNBUSCH, R., GOLDFAJN, I. e VALDÉS, R. O. (1995) "Currency Crises and Collapses", *Brooking Papers on Economic Activity*, n. 2, Brookings Institution, Washington D. C.

DOS SANTOS, T. (2000) *A Teoria da Dependência: balanço e perspectivas*, Rio de Janeiro, Ed. Civilização Brasileira.

DRAIBE, S. M. (1994) "Neoliberalismo y Políticas Sociales: reflexiones a partir de las experiências latinoamericanas", em: *Desarrollo Económico*, IDES, v. 34, n. 134, julho-setembro, Buenos Aires: 181-196.

EASTERLY, W. (2001) "The Lost Decades: developing countries' stagnation in spite of policy reform 1980-1998", *Journal of Economic Growth*, 6, june: 135-157.

EASTERLY, W., LOAYZA, N. e MONTIEL, P. (1997) "Has Latin America's Post-Reform Growth been Disappointing?", *Journal of International Economics*, 43, n. 3/4, november: 287-311.

EDWARDS, S. (1993) "Openess, Trade Liberalization and Growth in Developing Countries", *Journal of Economic Literature*, v. XXXI, september, 1358-1393.

EDWARDS, S. e EDWARDS, A. C. (1992) *Monetarismo y Liberalización: el experimento chileno*, México, Fondo de Cultura Económica.

EDWARDS, S. e TEITEL, S. (1991) *Crecimiento, Reforma y Ajuste: las políticas comerciales y macroeconómicas de América Latina en los decenios de 1970 y 1980*, México, Fondo de Cultura Económica.

EICHENGREEN, B., MUSSA, M., DELL'ARICCIA, G., DETRAGIACHE, E., MILESI-FERRETTI, G. M. e TWEEDIE, A (1998) "Capital Account Liberalization: theoretical and practical aspects", *IMF Occasinal Paper*, 172, Washington D. C.

EICHENGREEN, B., MUSSA, M., DELL'ARICCIA, G., DETRAGIACHE, E., MILESI-FERRETTI, G. M. e TWEEDIE, A (1999) "Liberalizing Capital Movements: some analytical issues", *IMF Economic Issues*, n. 17, Washington D. C.

FANELLI, J. M. e FRENKEL, R. (1994) "Gradualisme, Traitement de Choc et Périodisation", *Revue Tiers Monde*, t. XXXV, n. 139, juillet-septembre.

FANELLI, J. M. e MACHINEA, J. L. (1997) "Os Movimentos de Capitais na Argentina", em: Ffrench-Davis, R. e Griffith-Jones, S. (Orgs.) *Os Fluxos Financeiros na América Latina: um desafio ao progresso*, Rio de Janeiro, Ed. Paz e Terra.

FELIX, D. (1994) "Mobilité Financière Internationale: effets destabilisateurs et régulation", *Revue Tiers Monde*, t. XXXV, n. 139, juillet-septembre.

FERNANDES, J. A. C. e RIOS, S. P. (1999) "ALCA e EU: elementos para a formação de uma estratégia negociadora", *Política Externa*, vol. 8, n. 1, junho: 16-48.

FERNÁNDEZ-ARIAS, E. e MONTIEL, P. (1998) "Reforma Económica y Crecimiento en América Latina durante la década de 1990", em: BID, América Latina Después de las Reformas, *Pensamiento Iberoamericano*, vol. extraordinario, Madrid.

FERREIRA Jr., H. M. (1994) "Reestruturação Industrial e Inserção Internacional: a liberalização conservadora (México – 1982/1992)", *Tese de Doutoramento*, IE-Unicamp.

FFRENCH-DAVIS, R. (1997) "O "Efeito-Tequila", suas Origens e seu Alcance Contagioso", em: Ffrench-Davis, R. e

Griffith-Jones, S. (Orgs.) *Os Fluxos Financeiros na América Latina: um desafio ao progresso*, Rio de Janeiro, Ed. Paz e Terra.

FFRENCH-DAVIS, R. (1999) *Macreconomía, Comercio y Finanzas: para reformar las reformas en América Latina*, CEPAL/McGraw-Hill, Santiago.

FILGUEIRAS, L. A. M. (2000) *História do Plano Real: fundamentos, impactos e contradições*, São Paulo, Boitempo Editorial.

FIORI, J. L. (1997) *Os Moedeiros Falsos*, Petrópolis, Ed. Vozes.

FOXLEY, A. (1988) *Experimentos Neoliberales en América Latina*, México, Fondo de Cultura Económica.

FRANCO, G. H. B. (1998) "A Inserção Externa e o Desenvolvimento", *Revista de Economia Política*, 18 (3), julho/setembro.

FREITAS, C. E. de (1996) "Liberdade Cambial no Brasil", em: Baumann, R. (Org.) *O Brasil e a Economia Global*, Rio de Janeiro, Ed. Campus – SOBEET, 5ª edição.

FREITAS, M. C. e PRATES, D. M. (1998) "Abertura Financeira na América Latina: experiências da Argentina, Brasil e México", *Economia e Sociedade*, Campinas, (11), dezembro: 173-198.

FRITSCH, W. e FRANCO, G. H. B. (1992) "Política Comercial no Brasil: passado e presente", *Pensamiento Iberoamericano*, nº 21: 129-144.

GONÇALVES, R. (1990) "Estabilização Macroeconômica e o Imposto sobre a Riqueza", *Texto de Debate*, nº7, FEA-UFRJ, Rio de Janeiro.

GONÇALVES, R. (1996) "Globalização Financeira, Liberalização Cambial e Vulnerabilidade Externa da Economia Brasileira", em: Baumann, R. (Org.) *O Brasil e a Economia Global*, Rio de Janeiro, Ed. Campus – SOBEET, 5ª edição.

GONÇALVES, R. (1997) "Desestabilização Macroeconômica e Incertezas Críticas: o governo FH e suas bombas de efeito retardado", em: Mercadante, A. (Org.) *O Brasil Pós-Real: a política econômica em debate*, Campinas, IE-Unicamp.

GONÇALVES, R. (1999a) "Maxidesvalorização, Vulnerabilidade Externa e a Crise Brasileira", *Indicadores Econômicos FEE*, vol. 27, n. 1, junho.

GONÇALVES, R. (1999b) *Globalização e Desnacionalização*, São Paulo, Ed. Paz e Terra.

GONÇALVES, R. (1999c) "Distribuição de Riqueza e Renda: alternativa para a crise brasileira", em: Lesbaupin, I. (Org.) *O Desmonte da Nação: balanço do governo FHC*, Petrópolis, Ed. Vozes.

GONÇALVES, R.; BAUMANN, R.; CANUTO, O. e PRADO, L. C. D. (1998) *A Nova Economia Internacional: uma perspectiva brasileira*, Rio de Janeiro, Ed. Campus, 3ª Edição.

GONÇALVES, R. e RICHTERING, J. (1987) "Intercountry Comparison of Export Performance and Output Growth", *The Developing Economies*, vol. 25, n. 1, 3-18.

GONÇALVES, R. e POMAR, V. (2002) *A Armadilha da Dívida: como a dívida pública interna impede o desenvolvimento econômico e aumenta a desigualdade social*, São Paulo, Ed. Fundação Perseu Abramo.

GRIFFITH-JONES, S. (1996) "La Crisis del Peso Mexicano", *Revista de la CEPAL*, 60, dezembro: 151-170.

GROSSMAN, G. M. e HELPMAN, E. (1991) *Innovation and Growth in the Global Economy*, Cambridge, MA: The MIT Press.

GUIMARÃES, E. A. (1995) "A Experiência Recente da Política Industrial no Brasil: uma avaliação", *Texto para Discussão*, nº326, IE-UFRJ, março.

HAUSMANN, R. e ROJAS-SUÁREZ, L. (Eds.) (1996) *Volatile Capital Flows: taming impact on Latin America*, BID, Washington D. C.

HAYEK, F. (1977) *O Caminho da Servidão*, São Paulo, Ed. Globo.

HELLEINER, E. (1996) "Pós-Globalização: é possível inverter a tendência para a liberalização financeira?", em: Boyer, R. e Drache, D. (Orgs.) *Estados contra Mercados: os limites da globalização*, Instituto Piaget, Lisboa.

HELPMAN, E. e KRUGMAN, P. R. (1985) *Market Structure and Foreign Trade: increasing returns, imperfect competition and the international economy*, Cambridge, MA: The MIT Press.

HERMANN, J. (2000) "A Experiência Argentina de Liberalização Financeira nos anos 90", *Texto para Discussão*, n. 442, IE-UFRJ, março.

HUERTA, A. (2000) *La Dolarización, Inestabilidad Financiera y Alternativa en el fin del Sexenio*, México, Editorial Diana.

IMF. *International Financial Statistics*, Yearbook, vários números.

IMF. *World Economic Outlook*, vários números.

KALECKI, M. (1987) "Formas de Ajuda Externa", em: Economias em Desenvolvimento. Ed. Vértice.

KEYNES, J. M. (1971) *A Treatise on Money*. London, Mcmillan, vol. 1 e 2.

KREGEL, J. A. (1993) "Financial Fragility and the Structure of Financial Markets", *Collana Rapporti Scientifici*, n. 157, Università degli Studi di Bologna.

KREGEL, J. A(1996) "Riscos e Implicações da Globalização Financeira para a Autonomia das Políticas Nacionais", *Economia e Sociedade*, Campinas, (7), dezembro.

KREGEL, J. A. (1998) "Yes, "It" did Happen Again – a Minsky crisis happened in Asia", *mimeo*.

KRUEGER, A. O. (1978) *Foreign Trade Regimes and Economic Development: liberalisation attempts and consequences*. Cambridge, MA: Ballinger Pub. Co. for NBER.

KRUGMAN, P. R. (1987) "Is Free Trade Passé?", *The Journal of Economic Perspectives*, 1(2), fall.

KRUGMAN, P. R. (1988) "La Nueva Teoría del Comercio Internacional y los Países Menos Desarrollados", *El Trimestre Económico*, v. LV(1), n. 217, enero-marzo.

KUME, H. (1996) "O Plano Real e as Mudanças na Estrutura da Tarifa Aduaneira", *Revista Brasileira de Comércio Exterior*, nº48, julho-setembro.

LACERDA, A. C. de (1999) *O Impacto da Globalização na Economia Brasileira*, São Paulo, Ed. Contexto, 4ª edição.

LAMPMAN, R. (1959) "Changes in the Share of Wealth Held by Top Wealthholders, 1922/1956", *The Review of Economics and Statistics*, vol. XLI, nº4, november.

LANDAU, E. (1991) "Política de Estabilização Mexicana: 1982-1989", *Revista de Economia Política*, vol. 11, n. 4 (44), outubro/dezembro: 05-26.

LAPLANE, M. e SARTI, F. (1997) "IDE e a Retomada do Crescimento Sustentado nos anos 90", *Economia e Sociedade*, Campinas, (8): 143-181, junho.

LAPLANE, M., SARTI, F., HIRATUKA, C. e SABBATINI, R. (2000) "Internacionalização e Vulnerabilidade Externa", em: Lacerda, A. C. (Org.) *Desnacionalização: mitos, riscos e desafios*, São Paulo, Ed. Contexto.

LIMA, M. L. L. M. P. (1997) *Instabilidade e Criatividade nos Mercados Financeiros Internacionais: condições de inserção dos países do grupo da América Latina*, São Paulo, Ed. Bienal.

LIPSET, S. M. e HAYES, J. W. (1995) "Las Raíces Sociales del Proteccionismo en los Estados Unidos", em: *La Liberalización del Comercio en el Hemisferio Occidental*, BID/CEPAL, Washington.

LONDOÑO, J. L. e SZÉKELY, M. (1998) "Sorpresas Distributivas después de una Década de Reformas: América Latina en los noventa", em: BID, *América Latina después de las Reformas, Pensamiento Iberoamericano*, vol. extraordinario, Madrid.

LOPES, F. (1986) *O Choque Heterodoxo: combate à inflação e reforma monetária*, Rio de Janeiro, Ed. Campus Ltda., 9ª edição.

MALAGUTI, M. L., CARCANHOLO, R. A. e CARCANHOLO, M. D. (Orgs.) (1997) *A Quem Pertence o Amanhã? Ensaios sobre o neoliberalismo*, São Paulo, Ed. Loyola.

MALAGUTI, M. L., CARCANHOLO, R. A. e CARCANHOLO, M. D. (Orgs.) (1998) *Neoliberalismo: a tragédia do nosso tempo*, São Paulo, Ed. Cortez, Coleção Questões de nossa época, vol. 65, 2ª edição.

MANENT, P. (1987) *Histoire Intellectuelle du Liberalisme: dix leçons*. Paris, Hachette Littératures, Pluriel, Calmann-Lévy.

MARINI, R. M. (2000) *Dialética da Dependência: uma antologia da obra de Ruy Mauro Marini*, Sader, E. (Org.), Petrópolis, Ed. Vozes.

MARKWALD, R. A. (2001) "O Impacto da Abertura Comercial sobre a Indústria Brasileira: balanço de uma década", *Revista Brasileira de Comércio Exterior*, nº68, julho-setembro: 04-25.

MATHIESON, D. J. e ROJAS-SUÁREZ, L. (1993) "Liberalization of the Capital Account: experiences and issues", *IMF Occasional Paper*, 103, Washington D. C.

MATTOS, F. A. M. e CARDOSO Jr., J. C. (1998) "A Questão Distributiva no Plano Real", *Anais do III Encontro Nacional de Economia Política*, Sociedade Brasileira de Economia Política, Niterói, vol. 2, junho: 808-821.

McKINNON, R. I. (1973) *Money and Capital in Economic Development*, Washington D. C. : Brookings Institution.

McKINNON, R. I. (1982) "The Order of Economic Liberalization: lessons from Chile and Argentina", em: Brunner, K.

e Meltzer, A. (Comps.) *Economic Policy in a World of Change*, Amsterdam, North-Holland Pub. Co.

McKINNON, R. I. (1991) *The Order of Economic Liberalisation: financial control in the transition to a market economy*, Baltimore, John Hopkins University Press.

MEDEIROS, C. A. (1998) "Raízes Estruturais da Crise Financeira Asiática e o Enquadramento da Coréia", *Economia e Sociedade*, n. 11, dezembro, Campinas: 151-172.

MEDEIROS, C. A. e SERRANO, F. (1999) "Padrões Monetários Internacionais e Crescimento", em: Fiori, J. L. (Org.) *Estados e Moedas no Desenvolvimento das Nações*, Petrópolis, Ed. Vozes.

MEDEIROS, C. A. e SERRANO, F. (2001) "Inserção Externa, Exportações e Crescimento no Brasil", em: Fiori, J. L. e Medeiros, C. A. (Orgs.) *Polarização Mundial e Crescimento*, Petrópolis, Ed. Vozes, Petrópolis.

MICHAELY, M. M.; PAPAGEORGIOU, D. e CHOKSI, A. (1991) "Liberalizing Foreign Trade", *Lessons of Experience in the developing world*, vol. 7, Oxford and Cambridge, MA: Basil Blackwell.

MINSKY, H. P. (1975) *John Maynard Keynes*, Nova York, Columbia University Press.

MINSKY, H. P. (1982) *Can "It" Happen Again?: essays on instability and finance*, Nova York, M. E. Sharpe, Inc. Armonk.

MINSKY, H. P. (1986) *Stabilizing an Unstable Economy*, New Haven: Yale University Press.

MINSKY, H. P. (1992) "Financiamento e Lucros", *Cadernos da Ange*, n. 2, Associação Nacional dos Cursos de Graduação em Economia, Rio de Janeiro.

MIRANDA, J. C. (1997) "Dinâmica Financeira e Política Macroeconômica", em: Tavares, M. C. e Fiori, J. L. (Orgs.) *Poder e Dinheiro: uma economia política da globalização*, Petrópolis, Ed. Vozes.

MISES, L. V. (1987) *Liberalismo segundo a Tradição Clássica*, Rio de Janeiro, Ed. José Olympio: Instituto Liberal.

MOREIRA, M. M. e CORREA, P. G. (1997) "Abertura Comercial e Indústria: o que se pode esperar e o que se vem obtendo", *Revista de Economia Política*, vol. 17, nº2 (66), abril-junho.

NASSUNO, M. (1998) "As Transformações Recentes na Estrutura do Sistema Financeiro Alemão e as Implicações sobre a Política Monetária", em: Cintra, M. A. M. e Freitas, M. C. P. de. *Transformações Institucionais dos Sistemas Financeiros – um estudo comparado*, FAPESP/FUNDAP, São Paulo.

OCAMPO, J. A. (1999) *La Reforma del Sistema Financiero Internacional: un debate en marcha*, Fondo de Cultura Económica – CEPAL, Chile.

OLIVEIRA, G. (Coord.) (1993) "Condicionantes e Diretrizes de Política para a Abertura Comercial Brasileira", *Texto para Discussão*, nº 313, setembro, IPEA, Brasília.

PAINCEIRA, J. P. e CARCANHOLO, M. D. (2002) "Abertura Financeira e Vulnerabilidade Externa na América Latina: os impactos sobre Brasil, México e Argentina na década de 90", *Anais do VII Encontro Nacional de Economia Política*, 28 a 31 de maio, Curitiba.

PAULA, G. M. de (1994) "Programas de Estabilização Econômica, Liberalização Comercial e Reestruturação Industrial no México", *Economia Ensaios*, Uberlândia, 9 (1), dezembro : 39-77.

PAULA, L. F. R. (1999) "Dinâmica da Firma Bancária: uma abordagem não-convencional", *Revista Brasileira de Economia*, 53 (3), jul/set.

PAULA, L. F. R. e ALVES Jr., A. J. (1999) "Fragilidade Financeira Externa e Os Limites da Política Cambial no Real", *Revista de Economia Política*, vol. 19, n. 1 (73), jan/mar, 72-93.

PLIHON, D. (1999) "Desequilíbrios Mundiais e Instabilidade Financeira: a responsabilidade das políticas liberais (um ponto de vista keynesiano)", em: Chesnais, F. (Org.) *A Mundialização Financeira: gênese, custos e riscos*, São Paulo, Ed. Xamã.

PNAD. *Pesquisa Nacional por Amostragem de Domicílios*, IBGE, vários anos.

PNUD (2000) *Human Development Report.* Programa das Nações Unidas para o Desenvolvimento. New Yorik, Oxford University Press.

POCHMANN, M. (1999) *O Trabalho sob Fogo Cruzado: exclusão, desemprego e precarização no final do século*, São Paulo, Editora Contexto.

PORTELLA FILHO, P. (1994) "Plano Brady: da retórica à realidade", *Estudos Econômicos*, v. 24, nº 1, janeiro-abril: 55-105.

PRATES, D. M. (1997) "Abertura Financeira e Vulnerabilidade Externa: a economia brasileira na década de noventa", *Dissertação de Mestrado*, IE-Unicamp, Campinas.

PRATES, D. M. (1999) "Investimentos de Portfolio no Mercado Financeiro Doméstico", em: Freitas, M. C. P. (Org.) *Abertura do Sistema Financeiro no Brasil nos anos 90*, FUNDAP-FAPESP-IPEA, Brasília.

PRYOR, F. L. e SULCOVE, E. (1995) "A Note on Volatility", *Journal of Post Keynesian Economics*, summer, vol. 17, n. 4, 525-544.

RAMOS, J. (1997) "Un Balance de las Reformas Estructurales en América Latina", *Revista de la CEPAL*, 62, agosto, Santiago: 15-38.

RESENDE, A. L. (1985) "A Moeda Indexada: uma proposta para eliminar a inflação inercial", *Revista de Economia Política*, vol. 5, nº 2, São Paulo, abril-junho: 130-134.

ROCHA, S. (2000) "Pobreza e Desigualdade no Brasil: o esgotamento dos efeitos distributivos do Plano Real", *Texto para Discussão*, nº721, IPEA, Rio de Janeiro.

ROSE, A. K. (1994) "Exchange Rate Volatility, Monetary Policy and Capital Mobility: empirical evidence in the holy trinity", *NBER Working Paper*, n. 4630, jan.

ROSENTHAL, G. (1996) "La Evolución de las Ideas Políticas para el Desarrollo", *Revista de la Cepal*, n. 60, Santiago, Diciembre: 7-20.

SACHS, J. D. (1997) "Trade and Exchange Rate Policies in Growth-oriented adjustment programs", em: Corbo, V.; Goldstein, M. e Khan, M. (Eds) *Growth oriented adjustment programs*, IMF, Washington D. C.

SERRA, J. (1998) "Alca, Mercosul e Abertura Externa Brasileira", *Política Externa*, vol. 17, n. 1, junho: 15-30.

SHAFAEDDIN, S. M. (1994) "The Impact of Trade Liberalization on Export and GDP Growth in Least Developed Countries", *Discussion Paper*, nº85, Unctad, july.

SHAW, E. (1973) *Financial Deepening in Economic Development*, N. Y., Oxford University Press.

SLAUGHTER, M. J. (2000) "Trade and Labor-market Outcomes: what about developing countries?", *NBER Inter-American Seminar Economics*, july.

SMITH, A. (1985) *A Riqueza das Nações: investigação sobre sua natureza e suas causas*, São Paulo, Nova Cultural, 2ª edição.

SMITH, A. (1999) *Teoria dos Sentimentos Morais: ensaio para uma análise dos princípios pelos quais os homens naturalmente julgam a conduta e o caráter, primeiro de seus próximos, depois de si mesmos*, São Paulo, Martins Fontes.

STIGLITZ, J. E. (1999) "More Instruments and Broader Goals: moving toward the post-Washington Consensus", *Revista de Economia Política*, vol. 19, n. 1 (73), jan/mar.

SUPLICY, E. (1989) "Um Simpósio sobre a Distribuição de

Renda", *Revista de Economia Política*, vol. 9, nº1, janeiro/março: 117-129.

TAVARES, M. C. (1985) "A Retomada da Hegemonia Norte-americana", em: Tavares, M. C. e Fiori, J. L. (Orgs.) *Poder e Dinheiro – uma economia política da globalização*, Petrópolis, Ed. Vozes, 1997.

TAVARES, M. C. (1997) "A Economia Política do Real", em: Mercadante, A. (Org.) *O Brasil Pós-Real: a política econômica em debate*, Campinas, IE-Unicamp.

TAVARES, M. C. (1999) "Império, Território e Dinheiro", em: Fiori, J. L. (Org.) *Estados e Moedas no Desenvolvimento das Nações*, Petrópolis, Ed. Vozes.

TAVARES, M. C. e MELIN, L. E. (1997) "Pós-escrito 1997: a reafirmação da hegemonia norte-americana", em: Tavares, M. C. e Fiori, J. L. (Orgs.) *Poder e Dinheiro: uma economia política da globalização*, Petrópolis, Ed. Vozes.

TAVARES, M. C. e MELIN, L. E. (1998) "Mitos Globais e Fatos Regionais: a nova desordem internacional", em: *Globalização – o fato e o mito*, Rio de Janeiro, Ed. Uerj.

TAYLOR, L. (1988) "La Apertura Económica: problemas hasta fines del siglo", *El Trimestre Económico*, v. LV(1), n. 217, enero-marzo, 67-174.

TEN KATE, A. (1992) "El Ajuste Estructural de México: dos historias diferentes", *Pensamiento Iberoamericano*, n. 21: 57-78.

TOLEDO, E. G. (1994) "El Estilo Neoliberal de Desarrollo y sus Alternativas", em: Toledo, E. G. (Coord.) *Democracia y Política Econômica Alternativa*, La Jornada Ediciones/UNAM, México.

UNCTAD. *World Investment Report*, vários anos.

UNCTAD (1999) *Trade and Development Report*, ONU, New York and Geneva.

URDIALES, E. C. (Org.) (1991) *El Tratado de Libre Comer-*

cio: informe para la comisión de comercio de la câmara de diputados. Facultad de Economía / UNAM, México.

VILLAREAL, R. (1984) *A Contra-revolução Monetarista: teoria, política econômica e ideologia do neoliberalismo*, Rio de Janeiro, Ed. Record.

WILLIAMSON, J. (1990) *Latin American Adjustment. Institute for International Economics*, Washington D. C.

WILLIAMSON, J. (1992) "Reformas Políticas na América Latina na Década de 80", *Revista de Economia Política*, 12 (1): 43-49.

WILLIAMSON, J. (1994) *The Political Economy of Policy Reform*, Institute for International Economics, Washington D. C.

Editoração, impressão e acabamento
GRÁFICA E EDITORA SANTUÁRIO
EM SISTEMA CTCP
Rua Pe. Claro Monteiro, 342
Fone 012 3104-2000 / Fax 012 3104-2036
12570-000 Aparecida-SP